中学校 社会科主任の仕事術

55の心得

実務が必ずうまくいく

内藤圭太 [著]

明治図書

はじめに

「社会科主任の仕事とは？」と問われたらどのように答えたらよいでしょうか。社会科主任という分掌は，おそらくどの学校にも設置されていると思いますが，その役割や求められている仕事に明確な規則はありません。社会科主任になった先生方それぞれの仕事術，時には管理職や教務主任，研究主任等の意向によって，それぞれの学校の社会科主任の仕事があると思います。

中学校の社会科教員は，勤務時間の多くが社会科に関することで占められている……はずです。仮に勤務校の社会科教員が1名で，全学年が1学級編成だったとしても，週当たりの授業時数は10時間（3＋3＋4）になります。授業の準備や評価も含めると，週40時間の勤務時間の半分以上は社会科に関する仕事で占められている……はずです。と，言葉が詰まってしまうほど，学校現場の業務は多岐にわたっています。しかし，社会科とそれ以外の業務，と考えるのではなく，社会科の仕事を通して勤務環境を整え，社会科の授業で生徒理解を深める，これを実現したいと考えます。

そこで，筆者は社会科主任の仕事を，「勤務校や地域の社会科教育を理論と実践からマネジメントすること，教職員の働きやすい環境を整えること，これらを通して生徒にとってよりよい指導と評価を行うこと」と考えました。本書はこのような考えに基づいて，各章や55の心得を構成しています。

正直に申し上げて，筆者は本書を執筆するまで，社会科主任の仕事を体系的には考えられていませんでした。本書の企画をいただいた際は，「そもそも社会科主任とは何だろうか？　55も心得が書けるのだろうか？」と思ったものでした。最初は，自分がこれまで勤務してきた学校での経験を振り返り，社会科主任として行った仕事を整理することから始めました。しかし次第に，自分を指導してくださった方々の姿や言葉が思い出され，55ではとても足りないと思うほどでした。心構えから実務に至るまで，これまで出会った多くの仕事術を，筆者自身の言葉として，再構成したものが本書です。

本書は、教科主任、学校経営の視点から次の３点を意識して執筆しました。
①社会科主任が行う仕事を時系列、目的別に整理し、その時々にやるべきこと、意識することで業務改善につながる実務を具体的に示す。
②現在社会科主任である先生、これから社会科主任になる先生が、学校現場で直面している課題にどのように向き合い、解決できるかを示す。
③多忙化する教育現場において、勇気をもって削減する心得を示す。

　本書は、タイトルこそ『社会科主任の仕事術』となっており、事例も社会科に関することを中心に扱っていますが、教科や主任であるか否かを問わずお読みいただける内容にすることを大切にしました。「新年度に着任したばかりの先生が働きやすい環境にするには」「評価問題に関する質問を受けたら」「教育実習生はどのように指導をしたらよいのか」「年度末の物品整理、引き継ぎはどのように行うと次の担当者が楽に仕事ができるか」など、どのような立場であれ「あるある」と思っていただける場面を集めました。また、社会科主任の立場から、１年間の流れに沿った章立てをしていますが、読んでいただく際には、必要と思われる事例から読んでいただいて構いません。

　また、本書には「心得」という厳しさを連想するような言葉が入っておりますが、決して筆者の経験から「こうあるべき」という提言をするものではありません。筆者自身にとっても「こうであったらよい」と思う職場を実現させるための内容になっています。特に強調しているのは「苦労の再生産をさせない、持続可能な職場環境」です。ぜひ、共感的にお読みいただければ幸いです。そして、本書を通して、先生方が気持ちよく働けること、生徒・保護者にとってもよりよい学校になっていくことを心から願っています。

　最後になりますが、日頃の生活を支えてくれている妻と３人の娘たち、本書を企画してくださった明治図書出版の矢口郁雄氏に厚く御礼申し上げます。

2025年２月

　　　　　　　　　　　　　　　　　　　　　　　　　　　内藤圭太

もくじ

はじめに 002

第1章
社会科主任の仕事とは

01 何を創り出し,何を削るかを検討する 010
02 地域の社会科研究会に出席する 012
03 校内に向けて発信する 014
04 行政を知る①文部科学省・国立教育政策研究所 016
05 行政を知る②教育委員会 018

コラム 他の分掌との連携が大切 020

第2章
新年度を迎えるにあたっての準備

06 年度当初の教科会で大切にしたいことを提示する 022
07 教員の学年配当は「負担の平均化」で考える 024
08 年間指導計画作成は理想と現実を分けて考える 026
09 授業場面を想定して副教材を選ぶ 028
10 周到な準備に基づいて教材費を決定する 030
11 新着任者が安心できる情報共有を行う 032

12　教材，問いの共有フォルダをつくる　034
13　社会科の教員養成プログラムを提案する　036
14　初任者や新着任者の立場に立つ①
　　適切な時期に教え，苦労の再生産をさせない　038
15　初任者や新着任者の立場に立つ②
　　「この人に聞けば大丈夫」という存在になる　040

コラム　"仕事ができる"は次に同じ仕事をする人が決める　042

第3章
社会科主任の実務

16　日常的に教科会を行う　044
17　社会科の授業だからこそ見える生徒の姿を共有する　046
18　単元ベースの授業づくりについて共有を図る　048
19　1時間の授業づくりについて共有を図る　050
20　授業参観を積極的に行う①　見る側として　052
21　授業参観を積極的に行う②　見せる側として　054
22　フィールドワークを行う環境をつくる　056
23　外部機関との連携による授業をマネジメントする　058
24　生徒が参加できる取組を企画する　060
25　何でも社会科で引き受けない　062

コラム　学年の動きと教科の動き　064

第4章
授業づくりと評価計画

26　授業づくり・授業改善の取り組み方を共有する　066
27　地理的分野の授業づくりのポイントを押さえる　068
28　歴史的分野の授業づくりのポイントを押さえる　070
29　公民的分野の授業づくりのポイントを押さえる　072
30　考察，構想する授業のイメージを共有する　074
31　授業と表裏一体でテスト問題を検討する　076
32　テスト問題を確認する　078
33　評価方法を確認，共有する①　知識・技能　080
34　評価方法を確認，共有する②　思考・判断・表現　082
35　評価方法を確認，共有する③　主体的に学習に取り組む態度　084

コラム　授業づくりの悩みに耳を傾ける　086

第5章
よりよい授業のために

36　出張に積極的に出られる環境をつくる　088
37　研究大会に参加する①　授業研究　090
38　研究大会に参加する②　実践報告　092
39　研究大会に参加する③　理論研究　094
40　研究大会で得たものを自校に還元する　096
41　研究授業を行う①　社会科主任の役割　098
42　研究授業を行う②　教科としての挑戦　100
43　研究授業を行う③　成果と課題の発信　102

44 書籍を通して学ぶ環境をつくる① 社会科教育 104
45 書籍を通して学ぶ環境をつくる② 教科の背景学問（教科内容） 106

コラム 他者の授業のよいところを探す 108

第6章
教育実習生の指導教員になったら

46 教育実習生のための授業計画を組む 110
47 定時退勤できるように指導を行う 112
48 教育実習生の視点に立って指導を行う 114
49 教育実習生の研究授業を教科全体でサポートする 116
50 教育実習が一生の財産になるような指導を行う 118

コラム 教員養成に携わることで指導教員も成長する 120

第7章
次年度に向けた準備

51 年間指導計画の見直しを行う 122
52 次年度に購入する備品を検討する 124
53 １年間で増えたものの処分と入れ替えを行う 126
54 実践をだれでも使えるように残す 128
55 次年度に挑戦したいことを明確化する 130

第1章
社会科主任の仕事とは

01 何を創り出し，何を削るかを検討する

年度末，あるいは新年度を迎え，社会科主任になることが決まった。そもそも社会科主任とは，学校においてどのような位置づけなのだろうか。位置づけから，自らの役割を考えたい。

社会科主任の仕事を自ら創り出す

　教科主任という分掌は，どの学校にも置かれていると思いますが，教務主任や学年主任と異なり，法令，通知，答申・報告書等には設置根拠は存在していません。社会科主任の仕事自体，学校ごとに異なるものだと思います。
　それでは，教科主任になったら，何をすればよいのでしょうか。
　まず，勤務している学校で教科主任がどのような役割をしているかを知ることから始めましょう。社会科の年間指導計画の作成，修正，さらには道徳の指導計画の中の「教科との関連」の欄の作成にも携わる可能性があります。また，学力向上プランなどを実施している学校では，教科主任が発信元となって，教科ごとにどのような学習活動を展開するのか，その立案を求められることもあります。勤務校が教科主任に何を求め，社会科主任として何をするか，その位置づけを考えることが大切です。
　そこで，位置づけが見えてきたら，社会科主任の仕事を自ら創り出してみましょう。これは，単に仕事を増やすということではなく，**教科内の先生方が働きやすくなるようにしていくこと**です。例えば，校務の共有フォルダに「社会科」というフォルダがあれば，年度，教員別，学年，分野等に整理し，各教員が授業準備をそのフォルダで行い，授業実施のたびに更新することをお願いする，といったことが考えられます。そうすると，お互いの授業の方

法，進度の確認などがスムーズに行え，日常的に教科内の情報共有ができるようになります。

　また，教科の備品等が管理されている準備室や倉庫などの整理も計画的に行うことが大切です。倉庫を開けて「いったいこれは何だ？」「いつの資料だ？」と途方に暮れたという経験はないでしょうか。それを放置してしまえば，だれもやらなくなってしまう可能性があります。残念ですが，見てしまった以上は，「きっと何かいいものがあるはず」と思って整理を行ってください。その際，教科内の先生方を巻き込み，いつ行えるか，いつまでにどの程度まで進められるかなどの見通しを立てられるとよいでしょう。

社会科主任として仕事を削る

　一方，社会科主任になったからには，**自らの判断で仕事を削ることも重要な役割**だと思います。例えば，様々な資料を紙媒体でたくさんのファイルに綴じることが社会科主任の例年の仕事だとしたら，それらはすべてスキャンしてPDFで保存するようにした方がよいと思います。紙媒体のファイルがたまると，限られた学校のスペースが占有されていきます。さらに，過去の資料もスキャンできるものはスキャンし，明らかに使わないものは処分することが望ましいです。処分してよいか判断がつかないものは，管理職等と確認し，一定期間使わなかったら処分する，という判断も大切です。

　また，例年同じような方法で予算を消化し，必要のない物品を購入することになっているケースも考えられます。こうしたものを削り，**本当に必要なものを購入する判断をするのも，社会科主任の仕事として大切**だと思います。

ポイントは，社会科教員が働きやすくなるためには，何を創り出し，何を削るかということ。削る際は，なぜ今までそれを行ってきたのかを明らかにし，現状と合っているのかを吟味したい。

02 地域の社会科研究会に出席する

年度当初は，市区町村の教科・領域の代表者が集まる会が開かれる。このような会には，どのような意味があるのだろうか。地域の社会科を活性化するために前向きに参加していきたい。

地域の社会科研究会の存在を理解する

年度当初，教科・領域の主任は，主に市区町村の教育委員会が主催する教科・領域別の会議や集会に参加することになります。この集まりを「市教研」，「区教研」などと呼ぶことがあります（以下，市教研）。社会科主任は，市教研の会議に出席し，社会科の分科会に参加することになります。

市教研は，各校の社会科主任の教諭をはじめ，地区で正副会長等の役割を担う管理職から構成されています。小学校と中学校が合同で組織されている場合もあります。年度当初にこの会議の名簿を作成するために，事務局を担当する先生方を中心に，各校の社会科主任に向けて調査が行われています。

第１回の会議は，多くの場合は総会の形式で，各校の社会科主任や管理職の名簿の確認，正副会長，事務局等の選出，前年度事業・会計報告や，本年度事業・予算案などが示されることになります。事業の中で最も大きなものは，おそらく授業研究会の開催でしょう。地域によって授業者・会場校の選び方は様々だと思います。輪番制になっている場合や授業者個人の意思で立候補する場合，事前に研究会の会長や事務局を通して学校や個人に打診がある場合，など地域によって様々な方法があると思われます。

授業者として立候補することができるのであれば，ぜひこうした機会に自身の実践を公開するとよいでしょう。もちろん，授業者を引き受ける場合，

会長から勤務校の管理職に改めて依頼があり，会場校として受け入れが可能な日の調整があります。実施日が決まると，授業者は，年間指導計画を見て，単元や本時を決めますが，会から指定がある場合もあります。

　授業研究会は，指導者の先生（教育委員会の指導主事や社会科を専門とする管理職）の指導を受けられる，またとない機会になるでしょう。

他校の社会科主任とつながりをもつ

　また，多くの場合，市教研は都道府県の教科・研究団体としての社会科研究会ともつながっています。自分の所属する市区町村の研究会の代表者が都道府県の研究団体の理事を兼ねている場合もあります。さらに，複数の都道府県が集まった研究団体もあります。例えば，関東には関東ブロック中学校社会科教育研究会があります。このブロック大会は，毎年1都6県1市が持ち回りで授業公開をしますが，会場校がある市の社会科主任は，授業会場の準備，会場までの案内など様々な形で大会運営に携わることがあります。

　こうした業務を行うには，勤務校を空けて，出張をすることになります。貴重な生徒との時間をこうした組織のために使うことには抵抗があるかもしれませんが，他校の社会科主任の先生方と関わることは，多くの学びにもなります。出張は生徒の犠牲によって成り立つ，という考えもあると思いますが，**教員として研鑽を積むことは，勤務校の生徒に還元されることにもなる**のです。「あの先生は，研究会ばかりに力を入れている」と校内で言われることがないよう，校内の業務調整も必要ですが，**校内と校外の業務のバランスを取ることも，社会科主任としての大切な仕事**です。

地域の社会科研究会は，自分の社会科授業を見せたり，他者から学んだりする貴重な機会。事務的な仕事も多いが，様々な仕事は勤務校の教員・生徒にも還元でき，よりよい職場につながる。

03 校内に向けて発信する

社会科に限らず教科主任は自分の教科について校内の教職員に向けて発信をすることが大切。校内の教職員に，社会科について知っておいてほしいことにはどのようなことがあるのだろうか。

全教科での地図帳の活用

　年度当初の教科書配付や，転出入生徒の手続きにおける「使用教科書一覧」作成時などでは，毎回のように「地図帳って教科書だったのですね」と言われることがあります。地図帳を資料集のような副教材と思っている教職員，生徒・保護者は意外と多いです。**こういうときは，社会科主任から校内に発信するチャンス**です。とはいえ，「主たる教材」である検定教科書と補助的に扱われる副教材では何が違うのか…といったことを切々と説いても，相手の迷惑になるだけです。そうではなく，自分の教科の教科書しか使ってはいけないような雰囲気があるけれど，他教科の授業で使っても構わないので，地図帳を積極的に使ってほしいと呼びかけてみてはどうでしょうか。

　また，地図帳に描かれている日本地図は，日本政府の領土についての主張が表されています。学習指導要領にも，日本国としての領土の立場が明確に示されています。そのため，授業で地図を扱う際は，北方領土などが描かれているものが使用されていなければなりません。地図を扱う際に，こうした配慮をしていることを教職員に知ってもらうのは，とても大切なことだと思います。ときどき他教科の先生から「授業で日本地図を黒板に描いたら，生徒に『北方領土を描かないといけないですよ！』と言われてしまいました。社会科で習ったことが生かされているようですね」といった話を聞くことが

あります。もちろん，社会科の指導を通して生徒をいわゆる"日本地図警察"にすることが目的ではありません。社会科ではこのことも踏まえながら，外国で売られている世界地図から，北方領土をロシア領と表現している国があることを学んでいることもあわせて知ってもらうとよいでしょう。

主権者教育として

　公民的分野で選挙を扱った際，「選挙で一番に並んだ人は，投票箱が空になっているかを確かめる」「公職選挙法では，投票日当日は，立候補者は選挙運動ができないと定められている」ということを学んだ際，生徒が「生徒会の選挙もそのようにしましょう」と言って，選挙規約を変えたことがありました。勤務校の選挙管理委員会の生徒たちは「実際の選挙に近づける」をテーマに，様々な改正を行ってきました。こうした場面は，社会科の学びを実生活に生かしたよい例と言えます。

　選挙に関する法令は，教職員でも知られていない場合があります。もちろん，学校で行う選挙のすべてを法令に定められていることに合わせる必要はありません。学校の実態に合わせていけばよいと思います。しかし，法令を知っていて学校内で適用を検討するのと，知らないために判断する場面がそもそもないのとでは大きく異なります。

　社会科の学びは，教室の中だけのものにするのではなく，実社会で生きて働くものになってこそ意味があるものです。**教科で学んだことを委員会や係活動等で生かすことができるよう，意図的・計画的な指導をするよう社会科主任として働きかけたい**ところです。

教科からの発信は，その教科の特性を主張するのではなく，教科で学んだことが実生活に生かされる場面をつくり出すこと。生徒の活動を通して，社会科の意義，学びの成果を発信していきたい。

04 行政を知る①
文部科学省・国立教育政策研究所

社会科主任は，教育行政の動きにもアンテナを張る必要がある。ここでは日々の指導の根拠になる学習指導要領や参考資料について考えていきたい。

学習指導要領と参考資料

　教科の指導を行ううえで，文部科学省（以下，文科省）や国立教育政策研究所（以下，国研）の方針を知ることは重要です。国研とは，教育政策に係わる調査研究を行うために，文部科学省に置かれている研究所です。例えば，国研が行う「学習指導要領実施状況調査」は，新学習指導要領が全面実施されてから数年後に，生徒を対象に調査問題を実施し，新学習指導要領で示された資質・能力が身に付いているかどうかを調査するものです。同時に，指導する側の教員が新学習指導要領の主旨に沿った授業展開ができているか，問題を通して授業改善を促すなど，様々な活用がなされています。

　社会科に限らず，学習指導要領は指導の根拠となるものです。勤務校の年間指導計画の作成，日々の授業づくり，研究授業を行う際の単元設定の理由を書くときなど，学習指導要領に基づいた指導ができるよう，社会科主任は内容を熟知している必要があります。

　また，学習指導要領に準じて，評価に関する事項をまとめたものが『「指導と評価の一体化」のための学習評価に関する参考資料』（以下，『参考資料』）です。こちらは，小学校，中学校，高等学校それぞれありますが，どれも読み込むことが大切です。例えば，学習指導案を書くとき，初任者の先生は，単元設定の理由や評価規準を考えるのに悩むことがあります。そうい

うときは，学習指導要領の単元のねらい（内容）や『参考資料』に書かれている評価規準の文例を参考にすればよい，と伝えるとよいでしょう。

授業として具現化する

　学習指導要領や『参考資料』については，文科省の教科調査官・視学官が都道府県・政令指定都市の指導主事や全国立大学法人附属学校の教員を対象に「各教科等担当指導主事連絡協議会」を実施し，伝達します。指導主事は，市区町村の指導主事に伝達したり，各研究授業等の指導者として，参観者に向けて話す講評を通して指導したりします。市区町村でも，伝達講習会などを行い，社会科主任などを集めて，日々の実践の報告会を行い，その指導として学習指導要領の主旨等を説明することがあります。

　こうして，いわゆる伝言的に学習指導要領の主旨は伝わっていきます。そして，各地区の指導主事や授業者は，それぞれ解釈をし，実践していきます。そのため，地域ごとに授業として落とし込み，具現化したときに特色が出てきます。学習指導要領の性格を考えれば，それぞれに具現化すること自体はよいのですが，**その地域だけの独り善がりの解釈になってはいけません。**

　社会科主任としては，その地域で伝達されるものを吸収するだけでなく，他地域ではどのように解釈しているか，などを知ろうとする必要があります。そして，学習指導要領や『参考資料』を自ら知ろうとすることが大切です。学習指導要領や『参考資料』は，書かれていることを理解することも大切ですが，**最も大切なのは授業として具現化すること**です。そのため，自分自身も発信できるようにしていければ，より深まると言えるでしょう。

ポイントは，文科省や教育委員会からのトップダウンだけでなく，自らのボトムアップ。文科省が掲げる様々な施策や答申などにも目を通し，自分自身が授業を通して具現化する提案をしたい。

第1章　社会科主任の仕事とは　017

05 行政を知る②
教育委員会

社会科主任は，教育行政の動きにもアンテナを張る必要がある。最も関わりがある教育委員会からは，どのように指導を受けたり，どのように働きかけたりすればよいのだろう。

教育の重点施策を知る

　所属する都道府県，市区町村の教育委員会がどのような教育重点施策を掲げ，教科にはどのようなことを求めているのかを知っておく必要があります。こうした施策は大枠で捉えられていることも多く，社会科として教科に直接求められていることが書かれていない場合もあります。しかし，**大切なのは，教育施策の根拠がどこにあり，自校が教科としてどの部分を引き取る必要があるのかを考えること**です。

　全国学力・学習状況調査において，社会科の調査は現在のところありません。しかし，国語，算数・数学の分析で「無回答率が高かった」「複数の資料を読み取って考える問題の正答率が低かった」などの課題があげられることがあります。このように，教育施策の多くは，児童生徒の実態把握を行い，その課題が根拠になっています。教育施策は多岐にわたるので，管理職の方針，教務主任の指導計画，研究主任の研究主題など，学校経営の目で見ることも必要です。こうした課題を社会科としてどのように引き取り，日々の授業を改善していけばよいのかを考えることが，社会科主任として求められていると言えるでしょう。

　心得04で書いたように，教育施策などは，各地区の指導主事を通して伝達されていきますが，**自らも勤務校あるいは学年・学級の生徒の実態を把握し，**

反対に行政に対して発信できるようにすることが大切です。

社会科授業の中での改善

　例えば、「複数資料」に関する課題を考える際、自身あるいは勤務校ではどのように授業改善を行うかを考える必要があります。意図的に複数資料を活用する場面を単元の中に設定したり、改善によって身に付いたかを確かめるための評価問題に取り組ませたりすることを教科内で徹底します。このように、評価問題の結果を根拠（エビデンス）とすることで、指導改善を行った成果であると言えるように日々実践を行っていきましょう。

　こうした授業改善が、目の前の生徒の社会科への関心を高めたり、今までできなかったことをできるようにしたりすることにつながるのです。これは、授業をしている教員だけが実感できるものであると言えるでしょう。

　一方、教育委員会の指導主事は、自ら授業を行うことはほとんどありません。学校現場を離れたからこそ、授業改善の視点が思いつく、という面もあるはずです。しかし、授業を行うのは学校現場の教員です。教員は、こうした指導主事と協力しながら自校の実態に即して実践をしていくことが大切です。反対に、指導主事も都道府県教育委員会、さらには文部科学省に授業改善の実態などを報告する立場にあります。その際に、各教員の授業が実践事例としてあげられていくのです。**自分の目の前の生徒のための授業改善が、やがては全国の学校の授業改善につながることもあります。**その意味で、行政のことを知り、自ら行政に働きかけられるような実践を日々積み上げられるようにしていくとよいと思います。

ポイントとなるのは、教育施策の根拠。児童生徒のどのような実態から教育施策がつくられたのかを知ろう。ただ読むだけでなく、具体的な授業の改善を行って、自ら行政に示していくことも大切。

コラム

他の分掌との連携が大切

　校務分掌において，社会科主任という分掌だけを担うことはほとんどありません。おそらく，道徳，特活などの領域，情報教育，人権教育などの分野の分掌を担います。学校によっては，教務主任，研究主任，生徒指導主任，保健主事や学年主任も担うことがあります。

　例えば，ゲストティーチャーを呼んで，税や法律を学ぶ講演会を行うために，金曜日の6校時は1学年全クラスを社会科にしたい，という場合があったとします。当然，教科だけでは時間割調整はできません。こういうとき，教務主任と時間割，学年主任と学年の予定などを調整する必要があります。1つのことを行うにも，様々な分掌との連携が欠かせません。また，こうした講演を行うにあたり，養護教諭に相談し，健康面の留意点がないかを確認することも大切です。さらに，事務室の方々に相談し，講師を招聘するのに必要な費用や手続き等を確認することも必要です。

　教科として1つの行事を行うのに様々な分掌との連携が必要ですが，逆にそれだけの人と関われる機会があると前向きに受け止めることも大切です。自分だけで行事を考えていても，他の分掌から見たら違う留意点があるかもしれません。例えば，養護教諭なら「明日，講演会を行うようだけれど，熱中症や感染症対策は大丈夫なのか」ということを心配するでしょう。他の分掌から，自分が気付かなかった視点を指摘されると不安になることもあります。また，多くの分掌と連携することは，それだけ時間がかかることにもなります。しかし，こうした先生方のご指摘を誠意をもって受け止めることで，自分の視野や職場内の人間関係がよりよくなることも期待できます。

　逆に，自分も他の教員が取り組もうとしていることに，他の分掌だからこそ見える気付きがあるはずです。そういった場合も，相手の立場を尊重し，支援していけるようになるとよいでしょう。こうした支援が広がることが，よりよい職場環境になります。

第2章
新年度を迎えるにあたっての準備

06 年度当初の教科会で大切にしたいことを提示する

新年度初日，社会科の教員が顔をそろえた。ここで社会科主任として何を話せばよいのだろうか。はじめての教科会では，お互いの関係を"強化"したい。

教科会を始める前に

　4月の教科会は，その年度の教科の教員がはじめて顔を合わせる場となります。昨年度までの教員に加え，転任してきた教員，新採用の教員など新たなメンバーを加え，緊張感の伴う時間でもあります。多くの場合，ここで教科主任を決定し，教務主任に報告するということになると思います。

　教科会を始めてから「社会科主任を引き受けていただける先生は？」とお互いに目配せをするような状況は避けたいものです。校内で特に制約がない場合は，ぜひ自ら社会科主任を引き受けましょう。事務的な作業，様々な調整が伴う仕事ではありますが，自分のやりたいことを実現できる可能性のある分掌ですから，引き受け損になることはないと思います。

　教科会を始める前に，先生方には自分の授業を具体的に示せるものを用意してもらうとよいでしょう。例えば，ワークシート，生徒のノートのコピー，板書の写真など，授業をイメージできるものがあると，先生方に自己紹介をしてもらう以上に，お互いのことがわかると思います。こうしたものが用意できない場合でも，「どんな授業をしていますか？」などと伺うとよいでしょう。新採用の教員もイメージがわくと思います。自己紹介をすることも大切ですが，**授業をしている姿がイメージできることが，その先生の考えをより理解できることに**つながるでしょう。

はじめての教科会で何を話すか

　年度当初の教科会は、多くの場合は学校が設定した場ですが、ここで大切なのは、社会科主任から今後このような教科会を大切にしていきたいという意思表示をすることです。中学校の場合、学年が異なる教員同士は、ほとんど関わりがないまま日々の業務が進んでいくことがあります。しかし、せっかく社会科という教科を通じて集まったメンバーですから、このつながりを事務的なものにしないことを確認できればよいと思います。

　しかしながら、時間割に指定されていない限り、教員の時間を日々そろえることは難しいのも事実です。そのため、次のことは定期的に話していきたい、ということを共有できればよいと思います。

①**授業進度の確認**
　どこまで学習内容が進んでいるか、授業時数のずれによって遅れているクラスはないか。

②**テスト問題の共有**
　定期テストや単元テストを行う場合は、教科の教員間で共有し、間違いがないかのチェックだけでなく、お互いの勉強のために活用する。

③**評価方法、時期の確認**
　ノートチェック、小テスト、レポートなど、どのような評価方法を行うのか、また、小単元、中項目の終わりなど、どのような時期に行うのか。
　最初から決め過ぎると窮屈になるので、先生方の実態で変えてよいと思います。**教科で集まることが自然とできる集団にすることが大切**です。

ポイントは、教科会が自然に開催されるようにすること。教科の先生方には、「社会科は全校生徒の市民的資質を育成する重要な役割を担っている」という自覚と誇りをもってもらおう。

07 教員の学年配当は「負担の平均化」で考える

なるべく授業時数は平等にしたい。それでも、だれかが複数学年を担当して負担が大きくなる。この相反する２つの悩みを、教科内で解決していきたい。

時数だけでは平等にはならない

　４月の教科会で検討するうえで悩ましいのが、どの教員をどの学年や学級に配当するかを考えることです。中規模の学校で、各学年に社会科の教員がいる場合は、学年の教員をそのまま配当するのが基本でしょう。しかし、小規模で社会科教員が２人いる場合、大規模校で社会科教員が４人以上いる場合、それぞれ３つの学年にどのように配当するかは本当に悩ましいものだと思います。

　こういうとき、教員の持ち時間数から負担を平均化することに努めると思います。例えば、「Ａ先生は担任だから少なくしよう」「Ｂ先生は副担任だからＡ先生よりも一学級多く担当してもらおう」と考えがちです。その結果、「Ａ先生は16時間」「Ｂ先生は20時間」となることがありますが、大切なのはその実態です。次の例から考えてみましょう。

Ａ先生…１年生（３h）×４学級＋３年生（４h）×１学級＝16h
Ｂ先生…３年生（４h）×５学級　　　　　　　　　　　＝20h

　Ａ先生は、授業時数こそＢ先生より少ないですが、１週間で見ると、１年生の授業が３時間、３年生の授業が４時間で、週に７時間の授業づくりが必

要になります。また，定期テストの時期になれば，2つの学年の作問や採点に追われることになります。**単純な時数だけではなく，その先生の日々の勤務状況も考えた負担の平等を考えられるとよいと思います。**

1つの学年を複数の教員で見る

そこで，4人以上の教員がいる場合，だれか1人が複数学年を見る，と考えるのではなく，全員が複数学年を担当することを前提に考えるのがよいと思います。その結果，ある学年を3人で担当するということも起こります。

「教員によって差が出るのはよくない」ということを先生も生徒も心配しがちですが，だからこそ教科で調整していくことに意味があります。ワークシートを共有したり，評価方法をそろえたり，1人の教員で担当しているときとは異なり，協力して授業づくりができるようにもなります。

もちろん，多くの場合は，例であげたような配当をするのが現実的だと思いますが，このような配当をしてみると，「時数の平均化」とは異なった「負担の平均化」ができるようになっていきます。

時間割の組み方によっては，「1年1組は，前期はA先生，後期はB先生が担当」といったこともあり得ます。この場合，A先生は歴史的分野，B先生は地理的分野だけをそれぞれが1年間担当する，ということも可能です。

私は，学級に関しては，1人の先生が責任をもって担当することも大切だと思っています。中学校社会科は，地理的分野と歴史的分野を教師がマネジメントして公民的分野につなげていくことが特色ですから，教師個人が年間を通して学級の授業に責任をもって授業に当たることが望ましいと考えます。

ポイントは，教科のメンバー全員の負担を考慮すること。教科の先生方には，「1つの学年を複数人で，1つの学級は単独で，責任をもって担当する」ということの意義を理解してもらおう。

08 年間指導計画作成は理想と現実を分けて考える

年度当初の重要事項の1つである年間指導計画作成。教科書会社がつくっているものを使えば作業は楽になる。でも，学校独自のものにはならない。このジレンマをどう乗り越えるか。

アリバイづくりにしない

　年間指導計画作成で最も大切なことは，ただ年度の表記を変えるだけで「必要な内容を扱い，授業時数を守っている」というアリバイづくりにしないことです。もちろん，学習指導要領に示された授業時数はきちんと計画しないといけませんが，そのことだけが目的となってはいけません。

　教育委員会に提出する学校の場合，授業時数，内容，評価の観点などに学習指導要領とのずれがないかのチェックを受けます。社会科主任を経験した人なら，「よくこんな細かいところに気付いて指摘できたな」と思うようなチェックをいただいたことは必ずあるでしょう。

　大切なのは，こうした**チェックを受けるための部分（理想）**と，**学校独自の部分（現実）をきちんと分ける**ことです。チェックを受ける部分を何もない状態から作成するのはものすごく時間がかかり，年度当初だけではとても間に合いません。教科書会社が作成する年間指導計画は学習指導要領に沿った指導内容が保障されているので，それをベースにすることは業務効率としてはよいと思います。

　実際，4月だけで考えてみても，始業式が2週目だとしたら，3週ほどは授業があることになります。週3時間なら12時間，週4時間なら16時間と年間指導計画には書かれるでしょう。しかし，4月といえば，新学級の学活，

健康診断，新体力テストなど，あらゆる行事や活動で社会科の授業が実施できない状況が考えられます。それらもすべて考慮した年間指導計画を作成することは不可能です。土曜授業の実施，特別時間割など授業時間をどこで確保するかは教務の仕事です。こうしたことは教務と連携すればよいので，社会科の年間指導計画作成は，**まずは時数，内容が保障されたものを作成することを優先してよい**のだと思っています。

教科としての独自の計画

　社会科主任として年間指導計画に力を入れたいのは，勤務校の重点事項を踏まえて，教科内の先生にどの時間でそれを保障するかを考えてもらうところです。例えば，年間指導計画の中に「道徳との関連」「社会に開かれた教育課程の視点」などを必ず入れること，という指示が出ることがあります。こういう部分こそ，力を入れるべきで，教科内の先生方に，どの単元のどのような授業に関連させられるかを考えていただくことが重要です。道徳であれば，地理的分野の「世界各地の人々の生活」の授業に相互理解の視点を入れる，社会に開かれた教育課程であれば，検察官・弁護士をゲストティーチャーとする授業を実践するなど，様々な工夫が考えられます。

　社会科主任として初任者の先生に特に意識してもらいたいのは，1・2年であれば，**地理的分野と歴史的分野をどの時期に切り替えたり，どこで関連させたりするか**です。また，定期テストを実施している学校であれば，テストの日から逆算して，単元がどこまで進み，どこまでが出題範囲になるかの見通しをもってもらうことも大切です。年間指導計画に基づいて週案が作成されますが，学級ごとの時数のずれなどにも注意をしたいものです。

時数や内容はベースとなるものを用いて確実に。学校独自の部分は社会科主任が教科のメンバーと時間をかけて話し合おう。

09 授業場面を想定して副教材を選ぶ

年度当初の慌ただしい中での副教材選定。「昨年度も使っていたから」という理由で選定するのは最も避けたいところ。では、どのような基準で選ぶとよいのだろうか。

見通しをもって選ぶ

　年度当初，勤務校と関係の深い書店さんや教材業者さんから段ボールいっぱいに入った教材の見本が届きます。その中から，本年度に使用するものを選びます。次項に示した予算確定，始業式が迫ると，「去年○○先生，何を使っていました？　よかったですか？　じゃあ今年も…」ということが起こりがちです。社会科主任としては，授業をする先生方の意向に配慮しながらも，学校として方針の見える副教材選びをしたいものです。

　副教材は，大きく分けて①資料集，②ワーク・プリントなどの問題集，③白地図，用語集などに分かれます。これらすべてを網羅する必要はありませんが，**教科書の資料だけで考察をするのでは，資料が不足することが考えられるため，資料集は購入させた方がよい**と思います。

　資料集を選ぶ基準は，授業で活用したい資料があるか，生徒の実態に合っているか（字の量，ビジュアルなど）を考慮します。資料集をめくりながら，資料から発問が思いつくもの，資料を活用しているときの生徒の思考過程が浮かぶもの，などがよいと言えるでしょう。反対に，生徒の紙面にも丁寧に補助発問などが書かれていると，授業展開が事前に読めてしまい盛り上がりに欠けることもあります。また，近年は紙の資料集を購入したことで電子版を利用できるサービスがあるものもあります。教師だけが使える，生徒も使

えるなど，様々なものがあります。資料集は，実際に使用している教員，生徒の声を反映して作成，編集されています。3分野，3年間の学びの見通しをもって選定することが大切です。

テストに出題するためのワークではない

　ワークやいわゆるバラプリントは，どのように活用するかを考える必要があります。授業が生徒同士の対話など協働的な学びを中心として進むことが当たり前になった現在，いわゆる知識の習得をワークで行ったり，評価問題をワークから出題したりすることがあると聞きます。

　例えば，歴史的分野で律令国家の「二官八省」の図が出てくると，「覚えないといけませんか？」「テストに出ますか？」ということを必ず聞かれます。そこで，改めて生徒のワークを見てみると，図を覚えていなければ答えられないような問題が出題されていた，ということがあるかもしれません。

　ワークは活用方法に配慮しないと，書かれていることすべてが「覚えなければならないもの」「テストに出るもの」という認識になってしまい，結果として生徒・保護者の「社会科は暗記科目」の教科観が形成されることになります。**「工夫ある授業をした結果として，内容が理解できているかを確かめるためにワークを活用する」など，ワークを使う意図を明確にすることが大切**です。社会科主任として，教科内の副教材選定，活用方法に至るまで積極的に関わっていくようにしましょう。

　最後に，見本は書店さんや教材業者さんにきちんと返却しましょう。運搬してくださった方，引き取りに来てくださった方へのお礼の言葉も大切です。

ポイントとなるのは，授業場面を想定して副教材を選定すること。特に，ワークを使用する際は，テストに出題するためのワークにならないよう，教科内でどのように活用するのかを話し合おう。

10 周到な準備に基づいて教材費を決定する

年度当初の慌ただしい中で，年間の教材費の決定まで求められる。副教材副選定に続いて，見通しが立ちにくい中での判断が求められる場面。どのような対応が望ましいのだろうか。

昨年度，いつ何に使ったのかを確認する

　新学期が迫ると，学年会計担当の先生方から「各教科の本年度の教材費を提出してください」という依頼が来ます。まだ授業を始めてもいない中で，1年間でいくらお金を使うかなど，見通しがもてません。それでも，年度当初の保護者会では，本年度の予算や集金額をお伝えしなければなりません。

　初任者や勤務校に移動したばかりの先生方にとって，年度当初のこういった作業はわからないことが多く，非常に悩ましいものです。異動したばかりで，前任校と同じような予算を組もうとしたら，「本校ではそんなに高い予算は請求できません」などと言われ，「じゃあどうすればいいの…」となってしまったことがある先生もいるのではないかと思います。

　会計担当者から「昨年度は○○円請求していました」という資料を渡され，各教員がそれに倣って請求するということがありがちですが，これは効果的ではありません。結果として，必要な教材を買うことができなくなる場合があるからです。

　そこで大切なのは，**多少労力がかかっても，各教科，いつ何を買ったのか，その出納記録を見て考える**ことです。会計担当の教員が用意するのが難しい場合は，事務室に確認して，自ら出納記録を閲覧することです。エクセルになっているなら，社会科に関するところをソートして，社会科の出納帳を作

成しておきましょう。

購入してもらったものは必ず活用する

　「本年度は，資料集をこれまで使っていたのとは別のものにしたい」と思ったとき，きちんと価格を確認しておかないと，予算が組めなくなってしまいます。また，学習を進めていて「こういう教材や図書があるといい」と思っても，購入することができなかったという経験はよくあると思います。だからといって，自費負担をすること，させることは絶対にあってはなりません。多くの学校は，年度当初に集金額を決めることになります。この仕組みの良し悪しも考える必要はありますが，**社会科主任としてまず大切なのは，この仕組みの中でうまくやっていくための見通しに基づいた助言**です。

　例えば，2学年の教員に，「地域の地形図は購入しますか？　予算に組んでください」と助言することが考えられます。また，3学年の教員に「よりよい社会を目指しての単元では，レポートをどうしますか？　冊子にするなら予算を組めるか相談した方がいいですよ」と確認することもあるかと思います。また，日々の実践を行う中で，次年度の4月の段階では教材費でどのようなものを購入してもらうのがよいのかを考えていき，自分自身や教科内の先生方に示していけるようにしましょう。忘れてはならないのは，教材費は教科に分配される教科予算ではなく，保護者から集めるお金だということです。**購入したのに，まったく授業で扱うことがなかったということは許されません**。生徒の学習にきちんと還元されるように活用しましょう。

教材費は保護者から集めるもの。生徒一人ひとりにきちんと教育効果として還元されるものを選定し，適切に教材費を請求できるよう，前年度から教科内の先生方に見通しを示していこう。

第2章　新年度を迎えるにあたっての準備　031

11 新着任者が安心できる情報共有を行う

新年度に着任した先生にとって、新しい学校は何がどこにあるのかもわからない状態。社会科の授業を1回目の授業から安心して取り組むために必要なこととは何だろう。

「やりながらわかっていくだろう」と思いがち

　初任、新着任の先生は、未知のことが多いものです。「異動は最大の研修」と言われることがありますが、それは勤務校側できちんと新着任の先生を迎え入れる準備ができているときにだけ言えることだと思います。「最初よくわからないだろうけれど、やっているうちにわかるよ」というのは研修ではなく、相手に余計な努力を強いたり、ストレスを与えたりすることになりかねません。新着任の先生が来たときに理解をしてもらうための最低限のアウトラインを用意することが大切です。この「最低限」というのが大切で、**最初からあれこれ教えて「教えたつもり」になってしまうのも問題**です。新着任の先生は、未知の状況にとにかく不安なのです。社会科主任は、次のような段階で対応していくのがよいでしょう。

①現状を説明する。
②第1回の授業を迎えるために必要なものを確認する。
③4月を乗り越えるための見通しをもてるようにする。

　①は、主に社会科の備品の扱いに関することです。倉庫があるなら校内の場所、鍵の扱い方、倉庫の中のどの場所に何があるのかを示しましょう。準

備室のような部屋がある場合，自分たちで決めているルールなどを説明することが大切です。倉庫の整理がまったく手つかずの状況で社会科主任を引き受けてしまった場合，新着任の先生に協力をお願いして，一緒に学校を変えていくための機会にします。地理的分野で使用する掛図，歴史的分野で使用する実物資料など，必要な時期に必要なものが出せるようにしましょう。

ICT環境は自分で覚えてもらえるようにする

　②は新着任の先生が最も心配されることです。大型画面はあるのか，どのように画像や映像を出力するのか，校内のWi-Fiはどのように接続するのかなど，情報担当の教員に説明が委ねられていることもあると思いますが，教科として説明できるようにし，さらに自分で覚えてもらうことが大切です。

　また，GIGAスクール構想以降，生徒の端末，アプリ使用上の留意点もここで共有しておくことが大切です。

　「前任校で〇〇というアプリを使っていましたが，本校ではどうですか？」「それは，使えます」「使えませんが，□□というアプリがあります」といった流れで，第1回目の授業準備をするのに必要なことを伝達します。

　新着任の先生は，テストや評価はどうするのかなど，1学期（前期）末まで様々なことが不安です。しかし，4月の段階でそれらすべてを教えるのはお互いにとってよくはありません。だから，③4月を乗り切る見通しをもってもらう程度でよいのです。そして，**もっと先のことについて質問する時期の見通しをもってもらえればベスト**です。

ポイントは，新着任の先生が困ることを予測して，説明する準備をしておくこと。あれもこれも質問されることもあるが，質問する時期の見通しをもってもらうための準備も同時に必要。

12 教材，問いの共有フォルダをつくる

社会科の授業を学校全体でよくするためには，お互いの教材や問いを共有しておきたい。日々の準備をしながら，わずかな時間の工夫で，1人でも複数人の知恵で授業づくりが可能になる。

自分が整理することが他の教員の助けになる

社会科の教員全員がよりよい授業を展開するには，教材や問いを共有することが大切です。校内に校務の共有フォルダがあると思います。そこに個人のフォルダがあり，授業の準備をしていることでしょう。まったく整理されていないと，これを開いたときに自分自身でもわからなくなりかねません。

次の図は，個人フォルダの社会科の整理の一例です。

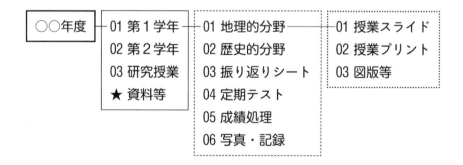

フォルダは年度ごとに作成し，そのときの担当学年のものをつくっておきます。「★ 資料等」には，学習指導要領の解説や『参考資料』のPDF等を入れています。まずは，**自分自身がフォルダ整理をしておくことが大切**です。

ショートカットを活用する

　こうした整理を教科内の先生方全員にお願いするのは難しいと思います。しかし，教科というフォルダをつくることができるのであれば，そこに教科内の先生方の社会科に関するフォルダのショートカットを作成し，常に他の教員のデータを見られるようにしておくとよいでしょう。

　例えば，地理的分野で，九州地方の学習をする際に，授業プリント，図版などが必要になったとき，他の教員のフォルダに入って，参考になるデータをいつでも閲覧，使用ができるようにしておければ，1人で準備していても複数人の知恵を借りているのと同じ状況になります。**大切なのは，フォルダのどこを見れば何が入っているのかわかるように，規則的に整理すること**です。社会科主任としては，このような準備を新学期前に行っておくと，仕事の効率が格段に上がります。

　校務が忙しくなると，授業のための図版を用意したり，問いを考えたりすることも間に合わないことがあります。そのようなときに，教科としての教材，問いのフォルダがあるだけで，安心感が得られます。他の教員のものを使わせてもらった場合は，後からでひと言伝えることは必要です。また，**使用したことによってどのような効果があったかなどを話せると，お互いによい**と思います。

　最近は，個人クラウドに保存する教員も増えてきていますが，共有フォルダが便利な場合もあるので，実態に応じて工夫するとよいでしょう。

自分のために整理することが，他人のためにもなる。自分が整理したことで，自分自身が助かることもある。教材や問いは常にスライドやプリントの形で保存し，だれでも使えるようにすることが大切。

13 社会科の教員養成プログラムを提案する

本年度,教育実習生,教職大学院の大学院生を受け入れることになった。社会科主任のところに依頼があったとき,どのように対応すればよいのだろうか。

教員養成における教育実習と教職大学院の違い

社会科に限らず,学校現場では教育実習や教職大学院の実地研修を受け入れます。これまでの経験の有無にかかわらず,社会科主任になったら,ぜひ自分自身で担当教員になるとよいでしょう。学校現場で教員養成的な立場で受け入れるのは,大きく分けて2つのケースがあります。

①教育実習…教員免許取得のために主に大学3・4年生が行うもの
②実地研修…教職大学院の大学院生が自身の研究目的のため,学校現場において研修をするもの

①については,第6章で詳しく述べていきます。②については,大学卒業後に教職大学院に進学した大学院生(ストレートマスター)と,教職現場で経験を積み,研修制度を利用して大学院に籍を置いて現場で研究をする教員がいます。教員免許をすでに取得している場合が多いこと,大学院のカリキュラムなので,教育実習のように連続で出勤するのではなく,出勤曜日が決まっていること,研究テーマに沿った授業実践の場を提供することなど,教育実習とは異なった状況があります。ここでは,この教職大学院の実地研修について考えていきます。

教職大学院の大学院生が授業を受けもつ

　大学院生が教員免許状を有していれば，即現場で授業をできるように指導する，つまり現場の教員と同じ扱いをして指導に当たればよいと思います。教員養成のプログラムは大学側が考えているものがあると思いますので，それに従えばよいでしょう。

　また，大学院生は何らかのテーマをもって派遣されます。そのため，必ずしも社会科の教科教育に関係があるとは限りません。受け入れる自分自身の授業準備があり，さらに授業数も限られている中，大学院生に単元の授業の時間を提供することには，現場としては負担を感じることが多いでしょう。

　しかし，この機会を生かして，教員養成プログラムを提案することも考えられます。例えば，大学院生が社会科の公民的分野で「効率と公正」の単元を開発したので実施したいという場合，**大学院生に授業づくりをしてもらう一方で，自らは評価の部分を担当する**といったことも可能です。日常の授業では，授業中に学習改善につなげる評価を毎回行うのは時間的に難しいことが多いと思います。大学院生の指示で生徒がワークシートに記入している間，自分は生徒の状態を把握し，適切な指導をする役割を担うことができれば，生徒にとってもよい機会となります。また，大学院生にとっても，自らの指導と評価について考えることができます。こういう機会に，私自身は生徒に積極的に学習改善を促し，自分の授業改善を行うことができました。

　教員養成は，大学での学びだけでなく，教育現場との協力が不可欠です。負担もありますが，得るものも多いので，前向きに臨みましょう。

社会科として教員養成に関わる機会があるのなら，積極的に受け入れていくことが大切。当然負担はあるが，自分の実践を振り返り，担当生徒の力を付けることにもなるので，前向きに臨みたい。

14 初任者や新着任者の立場に立つ①
適切な時期に教え，苦労の再生産をさせない

だれもが経験する初任や異動当初は，わからないことだらけの毎日。しかし，年数を重ねるうちにそのころのことを忘れてしまう。初任者が何に困り，どのような手助けが必要なのかを考えたい。

わからないことは聞くよう言ってしまいがちだが…

　教員の仕事は多忙ですが，初任者への「わからないことは何でも聞きましょう」という声かけは好ましくありません。なぜなら，「何がわからないかがわからない」からです。それで初任者が自分で判断して行動した後で，「うちの学校ではこうやるんだよ」と言ったりすると，初任者は思考停止状態になるか，すべてを聞かないと行動できなくなってしまいます。

　自分自身も初任の学校や異動した学校では，慣れることに精一杯だったはずです。例えば，地球儀がどこにあるかを知る，デジタル教科書をどのようにインストールするかを覚えるだけでもストレスを感じるほどだったはずです。にもかかわらず，初任者や新着任者にも同じようなストレスを感じさせてしまっていることがないでしょうか。

　「本校ではこうしています」という資料はあっても，慣れるまでのマニュアルが存在する学校は多くないでしょう。忙しい中で次の人のことまで考えて仕事をする余裕がないからです。しかし，**自分がつまずいたところを記録し，そのつまずきを解消しておく，相手の立場に立った仕事が大切**です。

適切な時期に教える

　職員室で，初任者や新着任者が困っていると，「あっ，自分も同じところ

でおかしいと思ったんだよね」といった会話がなされることはないでしょうか。あるとしたら，職場内で**同じ苦労が再生産されている**ということです。その苦労する時間を短縮できるように工夫して，他の仕事を覚えてもらったり，物品整理をしてもらったりした方が，よりよい職場になります。

　特に初任者は，授業，評価，成績処理という一連の流れのすべてに疑問をもちます。教育実習で，評価や成績処理まで経験できた初任者は少ないでしょう。したがって，**一連の流れをいつ，どのタイミングで覚えればよいのかがわかるように全体像を示し，適切な時期に教えることが大切**です。

　この「適切な時期」というのが特に大切で，**つい教員は一度にたくさんのことを教えたり，失敗例をあげて不安にさせたりしがち**です。着任当初は社会科以外にも覚えることがたくさんあります。相手の受け入れ態勢ができていないのに多くのことを教え過ぎると，ストレスを与えてしまいます。自分が伝達の見通しをもつことは，相手が習得をするための見通しをもつことでもあるのです。

　一方，初任者の方がICT機器の扱いに慣れているような場合もあります。例えば，大型画面にPCを接続して授業をすることが中心の学校に，タブレット端末を扱いたいという初任者が着任したらどうでしょうか。明らかに授業効果が上がることが期待できるのであれば，その立場に立って端末を使えるようにすればよいと思います。社会科主任には，**必要なことを伝達すると同時に，初任者からも積極的な提案が出せるような環境づくりが求められる**と言えます。

だれもが経験する初任者，新着任者の立場。大変だった日々を思い出し，何を伝達しないといけないのか，いつまでに何を知ってほしいのか，自分自身も相手も見通しがもてるようにしたい。

第2章　新年度を迎えるにあたっての準備　　039

15 初任者や新着任教員の立場に立つ② 「この人に聞けば大丈夫」という存在になる

> 始業式を目前にして,初任者や新着任者が,少しずつ学校のことを理解してきた。ここから始まる1年間,社会科主任としてどのようなサポートが必要なのだろうか。

聞きたいことを理解し,端的に答える

　学校で仕事をしていて,わからないことを聞いたり,備品を借りるために声をかけたりするのは当たり前のことです。だからこそ,聞く立場,聞かれる立場両方にとって,この時間が楽しいものでないと,新学期の準備が苦痛になってしまいます。自分が異動したときも,新着任者を迎えた立場であるときも,お互いのために大切なのは次のことだと考えます。

①聞きたいことを理解し,正確に返答する。
②悩んでいるときは,提案・代案をスムーズに出す。
③考える余地を残す。

　①は,質問している相手の状態を考えることです。急いですぐに答えがほしいのか,悩んでいて相談に乗ってほしいのか,ただ話を聞いてほしいのか,などです。特に,急いでいる相手には,聞かれたことに端的に答えることが大切です。しかし,相手が地球儀がどこにあるかを知りたいだけなのに,地球儀の活用法や留意点,さらには自分の過去の実践例まで話をしてしまった,といった経験はないでしょうか。教員は聞かれるとそれ以上のことまで答えたくなるものです。こういうことが大切な場合もありますが,**勤務**

時間，相手の状態もあるので，見極めが大切です。

「この人に聞けばわかる」という存在になる

②は，例えば「社会科の評価問題はどのようにつくったらよいでしょうか」といった質問をされた場合などです。自身の評価問題，良問を集めた評価問題集やそのURL，職員会議などで決まった作問規定など，**必要な資料をすぐに出してあげられることが大切**です。

また，相手に意見を求められた場合は，「これはただの暗記問題ですね」などの批評ではなく，「もう1つ資料を入れて，問い方を変えると，思考・判断・表現を問う問題になると思います」など，提案・代案をスムーズに出せるとよいでしょう。

③は，答えることで相手の考えが深まるようにするということです。自分のやり方以外に正解はない，という答え方になると，相手はそのやり方に縛られてしまいます。「選挙制度の改正を議論させたいのですが，授業の終わり方に悩んでいます」という相談を受けたときは，オープンエンドで終わらせる，政策提案をして終わらせる，専門家を呼んで評価を受けるなど，正解がいくつもある中で，**最終的に相手が判断できるようになることが大切**です。

社会科主任として大切なことは，物品の管理場所から使用方法，各学年・分野の授業のつくり方，評価の方法，困ったことまで「この人に聞けば大丈夫」という存在になることです。そのためには，日頃から自分の考えや疑問をもち，社会科の様々な立場の考え方を知ったり，各種資料や教具を整理したりしておくことが求められます。

相手の困っていることを正確に理解して答えることは，相手のためでもあり，自分自身のためでもある。相手がどんどん仕事を覚えていけば，新たな挑戦ができる1年間になるかもしれない。

コラム

"仕事ができる"は次に同じ仕事をする人が決める

　「あの先生は仕事ができる」という評価を職員室内で聞くことがあります。教員の世界で一般的に言われている"仕事ができる"とは、複数の仕事を与えられても同時に素早く処理したり、複雑な業務をシンプルに処理できるように改良したりすることを指しているのだと思います。しかし、"仕事ができる"は、その人のそのときの仕事では決まらないものだと考えます。

　どの学校でも、校務分掌は毎年変わります。覚えた仕事が継続できるように、2～3年は同じ分掌になるよう管理職が配慮する場合もありますが、職場内を活性化させ、新たな視点を獲得させるために分掌を入れ替えます。はじめて就く分掌はまったくわからないことも多く、不安になります。そのとき、前任者がきちんと引き継ぎをしてくれると、同じ仕事を引き受けながら、新たな提案をできるほどに余裕をもって仕事ができます。反対に、引き継ぎがしっかりしていないと、何をすべきかを把握するだけで時間がかかります。そのうち「この仕事、あなたがやる仕事でしたよ」などと言われ、嫌な思いをしたことはないでしょうか。こういった思いを相手にさせないために、今の仕事をしながらも、次に同じ仕事をする人が働きやすくなるように引き継げる準備をしておきたいものです。

　例えば、会議の提出書類です。提出する日付順にフォルダやファイル名がついているだけでも、次の人は見通しがもちやすくなります。また、自分が仕事をしていてつまずいたことは、次の人も同じことが起きないよう特に丁寧に説明することを心がけたいものです。「自分と同じ苦労をしないと人は育たない」と考える人もいますが、自分が苦労した時間がなくなれば、次の人は他の仕事に力を入れることができるはずです。

　"仕事ができる"は、その場で決まるのではなく、次に同じ仕事をする人が決めることです。次の人のことを考えることは、生徒のつまずきを予想し、手立てを考える授業づくりと同じです。働き方改革の第一歩です。

第3章
社会科主任の実務

16 日常的に教科会を行う

日頃の勤務で,学年が異なる教科の先生方が集まる機会はどれだけ取れているだろうか。教科会を行うことは,校内の職場環境にどのような影響を与えるだろうか。

忙しいからこそ教科で集まる

　社会科の教員が2人であれ,4人以上であれ,教科の教員が集まる機会を日常的につくることは重要です。附属学校は,教科準備室が職員室のような機能になっています。しかし公立学校では,理科や音楽,保健体育のように特別教室があって教員が共有する場所がある教科と異なり,社会科の教員は,学期が始まってしまったら異なる学年の教員と話し合いの場をもつこと自体がなくなってしまう可能性があります。

　最近は,働き方改革の一環として,時間割の中で学年教員,道徳担当教員で会議ができる時間を設定している学校がありますが,教科別ではどうでしょうか。社会科教員の授業がない時間がそろっている場合は10分程度でもよいのでぜひ教科会を行いましょう。教員は,授業がない時間にも様々な対応を求められますから,意図的に集まろうとしなければ集まれません。もちろん,教科会を行うときは緊急の生徒指導・教育相談にも対応できるように,職員室または近くの部屋,そういった場所がなければどこにいるのかを他の職員にわかるようにしておくことが大切です。「教科のことなんか話し合っている場合ではない」という多忙な現場だからこそ,社会科教員が積極的に集まってよりよい実践を話し合っている姿を見せることは,職場内によい影響を与えると思います。また,**1年生の教室に3年生の先生が社会科の授業**

を見に来る,というような教科内で授業を見せ合う機会をつくるのは,教職員だけでなく,生徒にもよい影響を与えます。私たちは,もともとは教科で採用されているということを常に忘れないでいたいものです。

教科会は励ましの場

　教科会の内容は,心得06でも述べたように,**①授業進度の確認,②テスト問題の共有,③評価方法,時期の確認**が中心になります。例えば,これから単元を始めようとしている先生がいたら,「単元を貫く問い」を相談したり,単元の途中で生徒のやる気に火をつけるような教材を提供したりすることができればよいでしょう。

　また,実践している日々の悩みをベテラン教員に相談するのもよいと思います。「うちの学校はベテラン教員がいまだに昔ながらの授業をやっていて…」という声を聞くこともありますが,だからこそ相談が大切です。ベテラン教員が学習指導要領の改訂の主旨を理解していないと思っても,「思考・判断・表現を評価する問題をつくってみました」「日本の地域区分の単元で主体的に学習に取り組む態度は,どんな評価場面を設定したらよいでしょうか」などと聞くことが大切です。聞かれれば,それまでの見識から教えていただけることは数多くあります。相手が変わらない場合もあるかもしれません。それでも,**自分が変わって相手を変える**,を繰り返しましょう。

　日々の実践,これまでの教員経験,新採用の先生の疑問などを教科会で出し合うことは,これまでの教員経験を肯定したり,悩みの解決につながったりする励ましの機会にもなります。学年とは別の協力集団にしましょう。

生徒指導・教育相談部会などと異なり,時間割上に設定されにくい教科会。それを社会科教員が積極的に設定することは,職場内の環境だけでなく,生徒にとってもよい環境になる。

17 社会科の授業だからこそ見える生徒の姿を共有する

社会科の時間に消極的だと思っていた生徒が，他の教科では活発な姿を見せていた。このようなことがあるのも中学校のよさ。社会科授業の中でこそ見られる姿を教科の中で共有しておきたい。

社会科として目指す姿

　社会科の授業だからこそ見える生徒の姿で共有すべきは，大きく分けて次の2つです。

①社会科の教科としての固有の授業方法により見られる生徒の姿
②社会科の時間に表出された生徒の固有の姿

　①については，社会科という教科の目標に照らし合わせた際に表出させたい姿です。つまり，授業設計の段階で考える，授業を終えたときの生徒たちの望ましい姿ということになります。例えば，歴史的分野において，「開国か攘夷か」を判断する学習を行う場合，社会科としての判断する姿があると考えます。開国を選択する生徒は，アヘン戦争，外国の脅威などの社会的事象を背景とした価値判断が望ましい姿であると言えるでしょう。一方，人々の心情などを根拠にすることは社会科では望ましい姿であるとは言えません。これは，社会科が目指す公民的資質ではないからです。
　このように，**教科の教員だけでなく，社会科が求めている姿を学校として共有すべきことも大切**であると考えます。

社会科の中で見える姿

　②については，多くの教科の授業が行われる中で，社会科の授業を行った結果，表出される生徒の様子です。①が授業前に想定しておく姿なのに対し，②は授業中や授業後の姿の記録ということになります。

　私はかつて，社会科の授業で資料を読み取り，その結果を発表することに消極的な生徒が，数学の時間に積極的に取り組んでいるだけでなく，全体の前で発表し，まわりの生徒に教えることまでしている姿に驚かされたことがありました。数学の先生と，なぜ教科によってこのような違いが生まれるのかを話し合いました。その結果，（生徒の教科としての好き嫌いもあるでしょうが）数学では様々な解法について考え，その妥当性を吟味する場面が多いのに対し，私の社会科の授業では「なぜ？」と問われて探究する場面が多いからだろう，と考えました。あくまでも仮説です。

　このことから，社会科として探究する姿を求めながら，社会科の中でも，様々な方法の中からよりよい選択を吟味する場面を取り入れることが，生徒をよりよく導くことになるのだろうと考えました。このように，**他教科の実態を見て，社会科の授業を考えていくことは非常に重要**です。

　社会科主任は，教科として目指す姿，教科の中で見えた姿，それぞれに責任をもてるよう教科の先生方に授業に取り組んでもらうとよいでしょう。

【参考文献】
・岩田一彦（2001）『社会科固有の授業理論　30の提言　総合的学習との関係を明確にする視点』明治図書

教科として目指す姿を共有する，社会科の中で見られた生徒の姿を学校として共有する。これらを両面から取り組むことによって，生徒をよりよい方向に導いていこう。

18 単元ベースの授業づくりについて共有を図る

社会科主任として教科の先生方と共有したいのが、単元ベースで授業をつくること。明日の授業づくりに悩む教員と、単元ベースの授業づくりを行うにはどのようなことが必要なのだろうか。

単元ベースの授業で陥る悩み

　学習指導要領改訂以降、「単元ベースで授業をつくる」ということはかなりの教員が意識していると思います。しかし、単元ベースの授業が定着してきた今こそ、勤務校の単元ベースの授業づくりを問い直す必要があります。

　本来、単元を構成するということは、単元の問いを設定し、それを解決するために、1時間ごとに何を学習するかを考え、単元計画を作成することです。「個別最適な学び」として、この計画を生徒自身につくらせることも考えられます。この考えに則れば、社会科の目標である「公民的資質」を身に付けるために学習内容を教師自身が精選していけるはずです。

　しかし、社会科には学習指導要領に示された「内容」「内容の取扱い」があります。つまり、教えるべき「内容」が先にあって、それをどのように身に付けさせるかという視点で1時間1時間の授業がつくられる傾向にありました。こうした授業づくりの中にも優れた実践は数多くありますが、単元というまとまりで資質・能力を身に付けさせる、という授業転換が必要です。

　単元を貫く問いやそれに基づく学習計画に悩む先生方は、1時間ごとの授業をきちんとつくっているのに単元として見るとまとまりがなくなる、逆に単元の問いから1時間ごとの授業をつくろうとすると内容が保障されなくなる、といった矛盾を感じているのではないでしょうか。**1時間ごとに「本時**

の学習でこれを身に付けさせる」というねらいがはっきりしているのに，単元というまとまりで身に付けさせたい資質・能力がぼやけてしまう。このような課題意識があるのではないかと思います。

単元を包括する問いを考える

　単元ベースで授業をつくるには，**単元全体のまとめの際に生徒がどのような状態でいることが望ましいのかを考える必要があります。** 生徒に振り返りをさせることが当たり前になってきていますが，「生徒がどのようなまとめを書くことを想定していますか？」と問われたときに答えられない，ということはないでしょうか。生徒が書くべき「Ｂ評価」の記述を予め考えられていることが，単元ベースで授業をつくる際には重要になります。そして，「この認識に生徒がたどり着くためには」という視点で単元の問いを設定します。単元の問いは，具体的過ぎると答えが限定されます。一方で，抽象的過ぎると答えがぼんやりし，「この単元でなくてもこの認識にさせることはできるのでは…」ということになってしまいます。

　中項目の単元で授業をつくるには，いつまでにどの内容項目が終わり，いつまでに授業改善につなげる評価（形成的評価）や評定に生かす評価（総括的評価）を行うか，などを考えるため，単元の導入を考えている時点で何時間の授業になるか１～２か月先の計画の見通しをもっていなければなりません。現在は，中項目レベルの単元指導計画を示した優れた実践例を収録した書籍がたくさん出版されているので，初任者に紹介したり，学校で購入をお願いしたりするとよいでしょう。

単元ベースで授業をつくるには，生徒の具体的な姿を描き，それに向かうためにどのような問いを出せばよいか，手立てが必要な生徒に改善を促す場面をどこに設定するかなど，長期的視点が必要です。

第３章　社会科主任の実務

19 1時間の授業づくりについて共有を図る

教員が集まれば様々な教材（ネタ）や授業方法の話で盛り上がる。そうすれば，生徒もその授業で盛り上がる。これを単元を通してやっていくためにはどうしたらよいのだろうか。

授業の方法

　現行の学習指導要領が全面実施になってから，生徒主体の授業づくりが進んできました。しかし，単元計画などを見ると，ほとんどを生徒に任せてしまっている場合もあります。一方，教師主導の授業が中心のものもあります。

　教師主導の授業は絶対に必要です。なぜなら，**教師が問いを発することで生徒の「見方・考え方」が働くから**です。歴史的分野で「承久の乱は，どのような戦いだったのだろうか？」と問うのと，「承久の乱によって，西国にはどのような変化があったのだろうか？」と問うのでは，生徒が資料を読み取る際の視点が異なります。こうした生徒への発問は，生徒自身の「見方・考え方」を鍛えることにもなります。そのため，教師主導の授業と生徒主体の授業を計画の中にどのように組み込むかが大切です。

　小単元4～5時間の中で，3時間は教師主導，2時間は生徒主体としたり，その逆にしたりすることも考えられます。また，1時間の中で生徒に委ねる部分を意図的・計画的につくることがあってよいでしょう。**1時間の授業をつくる際，明日のことだけを考えて教材や発問を考えるのではなく，単元の何時間目に位置づけられるのかも考えましょう**。生徒と学習計画を共有することで，「次回は，自分たちで調べたり，まとめたりする時間なんだな」という意識づけを行うことができるでしょう。

１時間を貫く問い

　教師主導，生徒主体にかかわらず，１時間を貫く問いが，授業を盛り上げることにつながります。生徒主体の授業では，課題設定自体を生徒が行うことになるので，教師が想定する学習課題や内容を生徒自身が関心をもって扱うとは限らない，という不安を抱えていることと思います。そこで大切なのは，**生徒の意識づけや方向づけ**です。

　生徒が単に調べる授業であれ，資料から考察する授業であれ，生徒主体の授業を実践するために大切なことは，問いを導く資料の用意です。GIGAスクール構想以降，生徒が共有フォルダに保存された資料を活用したり，学習アプリで話し合いを協働で行ったりする授業は，以前より容易にできるようになりました。その分，生徒の思考の積み上げが想定できていない，いわゆる生徒任せの授業になりがちです。生徒が「誘導された」と感じないような工夫も大切ですが，**資料を読んで課題意識をもてるような順番で配列する**などの工夫をする必要があります。

　生徒主体の授業は，教師主導の授業で問いを発して，生徒が答えていく探究型の授業のつくり方と同じ理論で構成できます。社会科主任が，先述のように資料の整理を行っておくことで，学校として生徒主体の社会科の授業づくりをスムーズに行うことができるでしょう。

　教師が発問をしながら生徒の思考を調整していくのとは異なり，生徒主体の授業は生徒の思考が意図しないところに行くこともあります。こういったとき，生徒にどのような働きかけがよいのかも，教科で相談しましょう。

１時間のネタは多くの先生方がもっている。生徒をどのような問いや資料で動かしていくのか，どのような学習方法があるのか。１時間の授業のつくり方について学校としての引き出しを増やしたい。

20 授業参観を積極的に行う①
見る側として

管理職から教科内で授業を見せ合うことが推奨された。日常業務を行っている中でなかなか余裕はないが，短時間でも授業は見るべき。そのときの見る側としてのポイントは何だろう。

技術的なことは問わない

　他の教員の授業を見たり，見せたりすることが日常的になることは，教員同士だけでなく生徒にもよい影響を与えます。学校のつくりや事情にもよりますが，教室が区切られている場合，出入口を開放しながら授業を行うことが当たり前になるとよいと思います。扉を開けなくても常に授業を見たり，教室に出入りしたりすることができるようにしておきましょう。他の社会科の授業をお互いに見る際に，大切なことは下記のことだと考えます。

①話し方，姿勢など技術的なことは問わず社会科に特化して参観する。
②生徒のよい反応，つまずきを探していく。

　①については，**本時の課題，課題追究の場面での発問と資料，生徒の思考の状況など，社会科の授業に関するところを中心に見て，コメントすることが大切**ということです。自分よりも若い教員の授業を見る際，つい，社会科のことよりも技術的なことばかりコメントしてしまうことがありますが，相手もプロの教員ですから，社会科としての視点でコメントをしていくことが必要です。もちろん，間違った言葉づかいや，生徒に悪い癖をつける指導（ヒドゥン・カリキュラム）に気付いた場合は正す必要があります。

授業を見ることで,1人ではできない授業改善を実現する

　授業を見るうえで,②のように生徒のよい反応を記録したり,生徒がつまずいたところを明らかにしたりすることも大切です。例えば,発問に対して挙手や発言がなかったことを,授業者が自身の授業の課題だと認識した場合でも,生徒はノートにはきちんと自分の考えを書いていた,といったことがあります。これは参観者だからこそ気付くことなので,授業後に話をする機会があれば,その事実を伝えてあげることが必要です。そして,それをどのように捉え,改善に生かすかは授業者に委ねるべきであると思います。挙手や発言をさせるための工夫に力を入れる教員もいるでしょうし,挙手ではなく,ICT機器を使って反応させる方法に力を入れる教員もいるでしょう。

　また,授業者は課題追究の場面で生徒のつまずきに気付いたけれど,実は参観者側は課題把握の段階から生徒がつまずいていたことがわかっていた,といった場合もあると思います。こういうときも,**いわゆる「ダメ出し」ではなく,授業改善につながるような伝え方が大切**です。

　授業を見た後は,まずは授業者の話を聞くことに徹しましょう。見る側はいろいろ言いたいことが出てくるものですが,授業者は見る側とは違った苦労や悩みをもっています。歴史的分野の授業に苦手意識をもっている先生の授業を見たときに,いきなり生徒の歴史認識や史・資料の妥当性などを質問したら授業者が困るだけで,二度と授業を見せたくないと思われてしまうでしょう。**授業を見せたことで,1人では気付けなかった生徒の様子をつかんだり,教材の深さを理解したりと,授業者自身の新たな気付きにつながるような参観態度を示したい**ものです。

　授業を見る立場でも,見て学ばせてもらう,共に学んでよい授業をし生徒を成長させる,という姿勢を心がけよう。

第3章　社会科主任の実務

21 授業参観を積極的に行う②
見せる側として

自分が授業を見せる番がやってきた。見せるにあたり，どのような準備をして臨めばよいのだろうか。また，見せる立場として，どのようなことを伝えればよいのだろうか。

特別な準備はしない

　授業を見せるからといって，指導案（本時の流れが書いてある略案含む）や板書計画など，特別な資料を用意する必要はありません。社会科主任が毎回授業を見せるたびにそのような用意を続けていたら，教科内の先生方にもプレッシャーを与えることになります。**授業を見せるときの準備は，授業の配付資料を参観者分印刷する程度でよい**と思います。ICT端末を中心とした授業のある場合，参観者も生徒の画面を見ることができるような工夫は必要かもしれませんが，そうでない場合はそのまま授業に臨みましょう。

　ベテランの先生は，授業の一場面と配付資料を見るだけでも，授業の導入からまとめまでどのような展開になるか，予測できることが多いです。実際，授業を見ていただいた先生に，「話し合いの場面を見たけれど，あの後，発表の場面までいったのかな？　資料が難しかったから，読み取るだけでも大変だったようだよ」など，授業の一場面でもその後の生徒の様子の予測までしていただいたことがありました。

　経験の少ない先生には，できるだけ1時間すべてを見ていただけるとよいのですが，まずは一部でもよいから授業を見ていただけるような環境を整えていくことが大切です。教師から課題提示をするまでを見ていただいて，いったん抜けて，話し合いが終わった後の発表の場面から戻ってきてもらう，

といった参観の仕方でもよいので,**とにかく授業を見ることが当たり前になるようにしましょう。**

どんな場面でも答えられるようにする

　授業を見る場面では,技術的なことは言わない,という心得でしたが,見せるときは,どんな視点で見られても受け入れることが必要です。例えば,資料提示やワークシートの工夫に触れてほしかったのに,生徒の中に話し合い活動の最中にまったく関係のない話をしていた者がいたなど,生徒指導の観点が取り上げられることもあると思います。しかし,それも授業者の課題なのですから,きちんと受け止め,改善していくことが大切です。

　また,授業をする際は,参観者がいるかどうかにかかわらず,日頃からすべての場面に責任をもって授業を展開することが大切です。「なぜあの発問をしたのか?」「事前に生徒の意見を把握したうえで,なぜ意見が異なる生徒がペアになるような授業展開をしたのか?」など,授業について質問を受けることがあると思います。その一つひとつに対して,ねらいや意図,どういう効果を期待していたかを丁寧に説明できるとよいでしょう。もちろん,自分が思っていた通りに授業が展開されることはないと思った方がよいですが,意図があって生徒を活動させているか,思いつきでやっているかでは大きな違いがあります。**たとえうまくいかなかったとしても,意図のある授業を展開していくことで,参観者は授業改善の視点を獲得することができる**でしょう。自分の授業の考え方を他者に示し,実際にやってもらえるようになると,自分とは異なった生徒の反応があり,自身の学びになります。

教科内で授業を見せ合うことを特別なことにしないこと。授業の一部でもよいから常に見せることを心がけたい。生徒の実態をよく知る同僚の教員からの意見こそ,授業改善の視点を与えてくれる。

22 フィールドワークを行う環境をつくる

地理的分野の学習で野外調査が必要になった。教員1人で学級全員の生徒が地域を回るための引率はできない。社会科として,学校としてどのような環境づくりが必要なのだろうか。

学校としての取組にする

　地理的分野の「C(1)地域調査の手法」「C(4)地域の在り方」では,学校周辺地域の観察や調査などのフィールドワークを行うことが求められています。毎年,年間指導計画に組み込まれている学校はよいのですが,そうではない学校も多いと思います。理由の多くは,引率の負担,生徒指導上の課題などであると聞きます。ここでは,フィールドワークを行うことができていない学校のための心得を示していきます。

　家庭分野で調理実習を行う。保健体育で武道を行う。これらに異議を唱える人はいないでしょう。なぜならば,学習指導要領に明記されているからです。それにもかかわらず,社会科でフィールドワークを行うことは周知されていない傾向があります。そうであれば,社会科主任としては,職員会議などで提案していくことが大切です。「こうした準備が負担だからフィールドワークは宿題にしてしまえばよい」ではなく,「学校としてやらなければならないことだから協力をお願いしたい」ということを伝えましょう。

　とはいえ,フィールドワークを職員だけで引率するのは,人手が足りない場合が多いです。**学校応援団,保護者ボランティアなど,あらゆる方法を管理職と相談してみることが必要**です。とにかく社会科としてはやらなければならない内容であること,生徒が地域を理解したり,地域の課題を捉え,解

決策を考えたりすることは，社会科の目標を達成するために必要な学習であることを説明しましょう。

地域を歩いてみる

学校としての実践経験がない場合は，まずは生徒を学校外に連れ出して，フィールドワークを行うことから始めればよいと思います。小学校では町探検を行っているのですから，中学校でも行うことは可能なはずです。学級数が多ければその分時間はかかりますが，地域を歩くことで，教室での地形図の学習では得られない知識・技能が身に付きます。例えば，平面図上で等高線だけを頼りに見ていた坂や，ストリートビューの写真だけで見ていた街並みを実際に歩いてみることで，地域の自然地形の利用，防災上の課題など様々な視点が獲得されることになるでしょう。

最初の年度は実施するまでが大変だと思いますが，次年度以降は，主に2学年でフィールドワークを行うことが恒例行事になります。**そのように学校全体で捉えてもらえるように働きかけることが大切**です。そして，次年度以降は生徒に観察や調査の計画を立てさせたり，防災，人口の偏在などの視点をもって取り組ませたりと，学習の質を高めていけるとよいでしょう。

そして，学習のまとめとして地図や統計を活用して資料を作成するなど，作業的な学習をすることが多いと思いますが，こうした成果はぜひ，校内に掲示し，保護者にも示すとよいと思います。**社会科にフィールドワークが入っていることを多くの人に知ってもらうことが大切**です。そして，その学習成果を共有し，生徒に身に付いた資質・能力を示していきましょう。

社会科として絶対に必要なフィールドワークだが，その必要性が理解されていないことが多い。それをきちんと学校の内外に説明し，生徒にとって意義ある学習活動となるようにしていきたい。

23 外部機関との連携による授業をマネジメントする

社会に開かれた教育課程の実現のため,地域や外部機関との連携・協働を求められた。社会科としてはこれをどのように受け,どのように実行していけばよいのだろうか。

手段を目的化しない

「本年度の研究主題は『社会に開かれた教育課程』なので,特に外部機関との連携による授業を計画していってほしい」といった指示は学校ではよくあることです。しかし,何の目的で外部機関との連携を行うのかをよく考えないと,手段が目的化することになり,結果として生徒に身に付けさせるべき資質・能力が身に付かないことになってしまいます。

とはいえ,社会科の学習において,外部機関との連携は必要だと思います。なぜなら,**社会科の学びを生きた学びにするためには,教室での学びは教室外でも役に立つという実感を与えたり,実社会とのつながりを見いださせたりする必要があるから**です。

社会に開かれた教育課程を踏まえたうえで,社会科が外部機関と連携する方法には,次のようなものがあります。

①ゲストティーチャーから専門家の知識を伝達してもらう。
②生徒の疑問や不安などに答えてもらい,学習の方向づけを行う。
③生徒の提案や考察を評価したり,改善案を促したりしてもらう。

①は,租税教室のように,教師が説明をしたり生徒が資料から調べたりす

ることで情報を得た後，税理士や税務署の職員に授業をしてもらい，より専門的な知識を得る，といった授業を想定しています。

②は，例えば中世の学習を導入で生徒が投げかけた疑問に，博物館の学芸員に単元の中で答えてもらうことによって，学習の方向づけを行う，といった授業を想定しています。

③は，公民的分野の地方自治の学習で，授業で考えた住んでいる市区町村への提言を役所の人に評価してもらったり，実際の取組を紹介してもらったりする，といった授業を想定しています。

講師との打ち合わせが重要

外部機関と連携する場合，授業のねらいを十分に理解してもらうことが重要です。一般に公募されているような出前授業などの講師は，その立場から，伝達したい内容があるはずです。そのため，すべてを委ねてしまうと，授業のねらいとはずれたものになってしまうことが考えられます。

講師の中には，授業の流れを大事にしてくださり，授業者の都合に合わせて利用してください，というような方もいらっしゃいますが，すべての方がそうとは限りません。**継続的にお願いできる方とのつながりがつくれるように，常日頃から様々なところにアンテナを張り，積極的に何事にも参加していくことが大切**です。

【参考文献】
・井上昌善「外部人材と子どもの熟議を促す社会科授業構成の原理と方法」（全国社会科教育学会（2021）『社会科研究』第95号，pp.1-12）

外部機関との連携は，授業の意図を理解してもらい，その流れの中で効果的に授業に入っていただくことが重要。講師との人間関係の構築，社会科主任自身の日頃からの外部との連携も大切。

24 生徒が参加できる取組を企画する

社会科という教科として,授業以外でも学校全体で取り組めるような企画を考えることはできないだろうか。生徒も一緒になって教科としての取組を考えていきたい。

教科係を動かす

　保健体育科では体育祭・運動会,音楽科では合唱コンクールなど,大きな学校行事の担当が教科主任となっている場合があります。体育祭の主となる部分は,教科を問わず生徒指導主任が担う場合もあるでしょう。社会科主任が社会科見学などの大きな校外学習の企画・運営を担っている場合は別ですが,そういう機会はないことがほとんどだと思います。ここでは,忙しい学校にわざわざ仕事を増やすようなことをするのではなく,生徒とともに社会科をよりよくするための取組について考えていきます。

　多くの学校では,教科係があり,社会科係があると思います。社会科係には何をさせているでしょうか。社会科の授業の持ち物を毎回連絡させる,提出課題の回収や返却をさせる,社会科に関連する作文コンクールを教室掲示させるなど,様々な活動をさせていると思います。こういった,こちらから仕事を依頼するような当番的な仕事だけでなく,**生徒が自ら創り出せるような活動を企画することにも,社会科主任として取り組みたい**ものです。まずは,自分の担当学年から,そして全校の社会科係を巻き込んだ活動をさせられるとよいと思います。もちろん,学校全体に関わる場合は,管理職との相談や職員会議での提案も必要です。

生徒の力で社会科好きを増やしていく

　例えば、心得22で紹介したフィールドワークのリーダー役を担ってもらったり、見学コースの集約を依頼したりすることが考えられます。心得23で紹介した外部機関との連携授業においても、各学級の社会科係に授業の進行を任せたり、講師とのやりとりに参加させたりすることが考えられます。こうして、生徒を積極的に授業づくりに関わらせる取組が、生徒の活気に結び付くことがあります。

　また、社会科係を集めて、「社会科が苦手な生徒に対して、係として何かできることはないかを考えてみよう」と投げかけてみることも有効です。もちろん、係の生徒の中にも社会科に苦手意識をもっている生徒はいるでしょうから、そうした生徒の声を拾うといった効果も期待できます。

　教師主導で各クラスで気になっているニュースを調査し、まとめを社会科係に依頼する、社会科係主導で独自にプリントをつくったり、歴史上の人物や名言のコンテストをする、といったことも考えられます。いずれにしても、**生徒とともに社会科を盛り上げるような取組を考えることが、社会科好きを増やしていくことになる**と思います。

　また、行事の代休日が平日の場合、希望者を募って、地方議会や地方裁判所の見学を企画していた学校もありました。教科書の中で学んだことを実際の社会の中で自分で確かめる、というまたとない経験になると思います。もちろん、代休は教師にとっても休日ですから、わざわざ無理して勤務する必要はありません。あくまでも一例として紹介しておきたいと思います。

社会科は教師が授業するだけのものではなく生徒と共につくり上げるもの。生徒自身によりよい社会科の授業について考えてもらうことで、社会科が苦手な生徒も変容させたい。

25 何でも社会科で引き受けない

学校に届く様々な団体からの郵便物。それらがいつも社会科主任のところに置かれていないだろうか。こういったとき，社会科主任として，どのように他の先生方と共有すればよいのだろうか。

何でも社会科

　学校には，日々，文科省や教育委員会，様々な組織・団体から研修，生徒向け教材，各種コンテストなどの案内が届きます。事務室や管理職は，それらをだれのところに配付するか，常に考えていると思います。

　社会科主任が受け取る可能性のあるものとしては，「情報教育」「環境教育」「人権教育」「金融・経済関係」「博物館，美術館からの案内」などでしょう。おそらく社会科で扱うと考えられているのでしょう。

　社会科という教科が多くの教科と関連をもっていることの表れなので，これはこれでよいことだと思います。こうした各種案内がまずは社会科主任のところに来るのであれば，様々な情報が入ることにもなります。まさか，自分だけ読んで処分してしまうようなことはないと思いますが，**教科内の教員に回覧するだけでなく，関連教科にまで広げていくことが大切**です。そしてできるだけスキャンしてデータで保存するとよいでしょう。

　例えば，金融教育は最近では社会科主任だけでなく，技術・家庭科の家庭分野の主任宛てにもなっていることがあります。社会科と家庭分野，それぞれ別のアプローチで金融教育を行っていた，ということがないように，カリキュラム・マネジメントの視点からも，こうした各種案内を関連教科と共有することがよりよい授業づくりにつながります。

何でも引き受けない

　しかし，例えば，勤務校に「人権といえば社会科」のような認識があるのであれば，それは社会科主任の立場から否定していくことが必要です。校務分掌でいつも社会科主任が人権教育の担当になってはいないでしょうか。確かに，校内研修で社会科の取組を通して講師役を担うなどはあってもよいと思いますが，人権教育の担当が出張して受ける講習に，いつも社会科主任が参加しなければならないのだとしたら，それは改めるよう働きかける必要があります。人権教育はすべての教科に関わりがあるものですから，すべての教員が参加対象になっています。**どのような分野ともつながりをもつことができる教科だからこそ，逆に何でも引き受けてはいけない**と思っています。

　ところで，各種案内などを生徒にどのように伝達するかについても，学校としての方針を整えておく必要があります。掲示板を設けて随時貼っていく，配付物として教室で配るなど，様々な方法があることでしょう。大切なのは，届いたものをチェックしたり吟味したりせずに生徒や保護者に配付しないことです。もちろん，案内をつくった人は読んでほしいから学校に郵送してくるわけですから，できるだけその願いをかなえてあげたいとは思います。しかし，教師側がきちんと整理して，配付時期などを計画しないと，生徒や保護者は様々な案内を受け取って混乱することにもなりかねません。忙しい中でとりあえずで何でも引き受けていると，自分だけでなくほかのところにまで影響を及ぼしてしまう例と言えるでしょう。

社会科主任は，校務分掌上の教科に属さない，いわゆる領域とも密接な関係があるが，何でも引き受けず，断る勇気も必要。しかし，社会科が中心となって学校を変えていくチャンスでもある。

コラム

学年の動きと教科の動き

　多くの中学校では，教員はほとんどが職員室に席があります。準備室がある教科を除いて，多くの教員は職員室で過ごすことが中心になります。そして，教員の席の多くは，学年のまとまりで配置されることが多く，時折「島」などと呼ばれることがあります。最近では，こうした「島」意識をなくすため，職員の席を固定しない，いわゆるアドレスフリーの職員室づくりに挑戦する学校も出てきていて，今後の成果や課題が注目されます。

　私は現在附属学校に勤務していますが，附属学校は教科の準備室が全教科にあります。附属学校によっては，職員室というものがなく，会議のために集まる部屋があるだけで，1日のほとんどの時間を教科準備室で過ごす学校もあります。こうなると，教員を訪ねるにも，あちこち探し回らないといけないということが生じます。そして，教科の動きが学年の動きよりも優先されることがあります。公立学校に勤務していたときは，学年の動きが中心となっていることが当たり前であると感じましたが，様々な考え方があることに気付かされました。

　学年の動きと教科の動き，これはどちらが優先ということではないのだと思います。公立学校に勤務していたら，社会科教員で行う授業の検討と学年での行事準備が重なったら，ほとんどの人は学年の動きが優先されると考えるでしょう。しかし，その当たり前を見直し，何が優先されるのかを全体で再検討することも必要であると考えます。

　教員は，学年，教科に加え，様々な分掌に所属し，知らず知らずのうちに他の教員を拘束したり，拘束されたりします。そして，「お互い様」「子どものため」と様々な言葉でこうした状況を受け入れてきましたが，常に多くの人を巻き込んで仕事をしなければならない職業であるからこそ，学年，教科その他の分掌のそれぞれが，所属する教員の生活を第一に考え，優先順位をつけていくことも求められると思います。

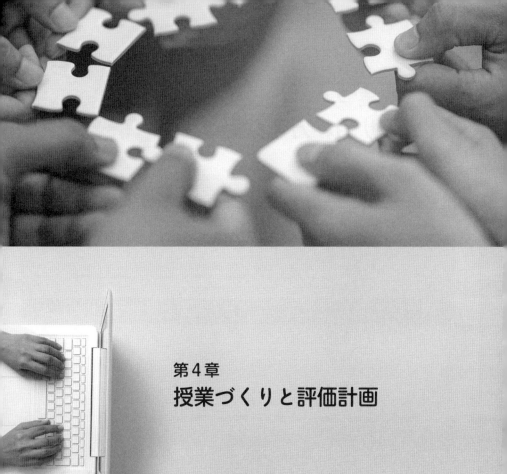

第4章
授業づくりと評価計画

26 授業づくり・授業改善の取り組み方を共有する

学期が始まって授業も本格的に動き始めた。各教員がそれぞれの考えで授業づくりを行っている。社会科主任としては、どのように授業づくり・改善に取り組んでいけばよいのだろうか。

教えれば済むことにどう気付かせるかが授業づくりの基本

　授業のつくり方は教員の様々な考えに基づいて行われるものです。私はよく「どうやって発問を考えているのですか？」ということを質問されるので，発問について考えていきます。

　私が発問を考える際は，到達させたい事実・認識・価値などを明確にすることから始めます。そして，どのような問いによって生徒が思考するかを考えます。さらに言えば，**教科書に書いてあって，教えてしまえば済むことを，生徒が資料を基に考察したり，問われたことに基づいて思考したりすることで到達できるようにしていきます。**

　例えば，教科書に「豊臣秀吉の政策によって武士と百姓の身分が区別される兵農分離が進んだ」と書かれていても，それを教えてしまうのではなく，太閤検地や刀狩の資料からその事実に気付かせるような展開にするということです。中には，小学校の学習や塾での予習によって「兵農分離」という言葉を知っている生徒もいるかもしれません。そういう生徒には「どうして『兵農分離が進んだ』という解釈がされているのかな？」と聞いてみてください。他の生徒は事実をつかむために史・資料を読む一方，この生徒は資料をどのように解釈したことによって歴史的事実にたどり着いたのか，という学習に転換されます。

入試問題を授業改善のきっかけにする

　入試問題をそのまま授業で考えさせても意味はありません。入試問題で問われていること，提示されている資料を授業改善に役立てることが大切です。特に，公立学校の入試問題や各種調査問題では，生徒の学力を判断するだけでなく，作問側が「この問題を通して授業改善を行ってほしい」という意図をもっていることが少なくありません。近年，知識ばかりを問う問題よりも，資料に基づいて思考させる，いわゆる"良問"が増えてきましたが，こうした問題を授業改善のきっかけにすることが必要です。

　なぜ，公立学校の入試問題かというと，公立学校の入試は学習指導要領に基づき，どの教科書で学習していても解答できるように作問されているからです。そして，入試問題は生徒が何を書いても正解になってしまうという事態を防ぐため，答えが分散しない工夫をしています。問い方や指示，資料の加工の仕方などによって，解答の方向づけを行っているのです。

　教科の先生方で入試問題について話し合う機会をつくることは大切です。「〇〇という知識が問われたのか。授業で扱ってみよう」など，最初は，知識的な問題からでもよいと思います。しかし，**「この問題の思考過程，使っている資料がおもしろいから授業で扱ってみよう」といった見方ができると，授業が変わるだけでなく，評価問題も変わることになります。**

　授業づくり・改善で一番大切なことは，生徒を熱中させる授業をすることにとどまらず，それを正当に評価できる方法まで含めて授業ができることであると考えます。次項からは，分野別の授業づくりについて考えます。

目の前の生徒たちの実態を踏まえて授業改善をすると同時に，良質な評価問題から授業改善を行っていくことも大切。生徒への問い方，思考の方向づけなど，入試問題を通した教材研究を進めていきたい。

27 地理的分野の授業づくりのポイントを押さえる

地理的分野の授業づくりで大切なことは何だろう。社会科主任として、勤務校の地理的分野の授業をよりよくするために必要なこととは何だろう。

地図をどのように活用するか

　地理的分野の授業を行ううえで、勤務校の先生とまず確認しておきたいのが、地図をどのように活用するかということです。地理的分野の授業で地図が登場しないことはほとんどありません。しかし、どんな地図の使い方をしているかは、先生方によって異なるでしょう。

①掛図を使う。
②黒板に地図をかく。または地図のある黒板を使う。
③地理院地図など GIS を活用する。

　①については、年度の途中であっても、常に地図の有無を確認していくことが必要です。世界の諸地域、日本の諸地域を学習するうえで、すべての地域の地図があるか、必要な情報の入った地図になっているかなどは、常にチェックが必要です。例えば、旧ソ連時代の掛図があったとして、それ自体は学習に役立つこともあると思いますが、地理の学習をしていくうえでは、最新の情報が入った地図を活用したいところです。
　②については、黒板を活用した地図です。黒板に教師が地図をかき、生徒はノートに地図をかいて課題に取り組む授業、地図がかかれた黒板を活用して、生徒は白地図に記入する授業などが考えられます。ここでも、地図がか

かれた黒板が各地域別に用意されているかを確認しておくことが大切です。

③については，GISを活用した地図です。近年，地理院地図，今昔マップなどの様々なアプリによって，地図を見るだけではわからなかったことまで読み取れるようになりました。生徒がアプリを使える状況にあるか，どのような使い方にするか，教科として方法を確認しておくとよいでしょう。

統計資料は常に最新のものを用意しておく

地理的分野の授業をするうえで重要なのが統計資料です。教科書にも掲載されていますが，配付年度以降は古い情報になっていきます。統計データは常に最新のものを用意しておき，それ以前の年度の資料もすぐに取り出せるように管理しておくことが大切です。教科の倉庫などがない場合は，学校図書館との協力も必要です。**授業では，最新のものだけでなく，古い統計も使うことで，経年変化が読み取りやすくなるということもあります。**そのため，様々なデータを用意しておくことが大切です。

地理的分野の授業で何を身に付けさせるか

「地理的分野は地名を教えるのではない」「地域の課題の解決などは公民的分野で扱う内容だ」などが，よくある地理的分野の授業に対する批判だと思います。**大切なのは，地理を学習することであり，その地域がどのような特色や課題をもっているのか，なぜそうなったのかなどを資料から明らかにしていくこと**だと思います。そのうえで，公民的分野や高等学校地理総合との接続が意識される授業が，地理的分野のよい授業であると考えます。

地理的分野の授業づくりのポイントは，地図や統計資料の活用方法。教科内の先生方の授業スタイルに合わせた地図・統計資料が用意されているかを常に点検しておくことが大切。

第4章　授業づくりと評価計画

28 歴史的分野の授業づくりの ポイントを押さえる

歴史的分野の授業づくりで大切なことは何だろう。社会科主任として、勤務校の歴史的分野の授業をよりよくするために必要なこととは何だろう。

使っている資料を分類してみよう

歴史的分野は最も授業づくりの方法が分かれる分野であると思います。そのため，教科として，絶対の授業づくりの方法を決める必要はありません。

歴史的分野の資料には主に次のようなものがあります。

①一次資料…いわゆる「史料」と呼ばれる，歴史の中で書かれた資料。
②二次資料…一次資料を分析，解釈した書籍や記事。

中学校の学習で多く使われるのは，②の二次資料です。歴史学者が明らかにした史実に基づいて書かれた文章，グラフや図などです。教科の先生方が，歴史的分野の授業で使用している資料を分類してみてください。

歴史的分野の授業で，生徒に歴史を解釈させたり，自らの歴史観をもたせたりする授業をしたいと思う先生は多いと思います。しかし，二次資料ばかりを読み取らせて，時代の特色を明らかにしていたのでは，「解釈されたものを解釈させた」という状態になってしまいます。**生徒に身に付けたい資質・能力に応じて，資料の性格を踏まえた選定がポイント**になります。

効果的な一次資料の活用

一次資料を扱う授業に対して，「中学校は歴史学者を育てる場所ではない」

といった批判が寄せられることがあります。しかし，**歴史の史料を自ら読み取り解釈することで，歴史学者が解釈したことを追体験する過程は主権者の育成として大切**です。教科書に書かれている歴史を唯一の解釈であると思うような生徒になってしまうことは望ましくありません。

例えば「ハンムラビ法典」の一次資料を読み取ることを通して，「復讐法」という解釈の妥当性などを話し合う授業なども取り入れてみましょう。

歴史学習の目的を共有する

歴史的分野の授業においてよく言われるのが，「歴史教育，歴史学，教育学，どの立場からも批判されないものを目指す」ということです。例えば，多くの資料を用いて市民的資質を育成しようとする授業であっても，一次資料が少ないと歴史学的にはふさわしくない，と見られることもあります。一方，歴史学的な学びを目指した授業が「社会科は歴史学者を育てる場所ではない」という批判を受けることもあります。また，教育方法学的な立場から，授業の手法ばかりに焦点が当たることも避けたいところです。

歴史的分野の授業は，このように様々な批判を受けながらよりよくしていくものであると考えます。だからこそ，**歴史的分野の学習を通して生徒に身に付けさせたいものは何かを教科の教員で話し合う機会は大切**です。その際，社会認識と市民的資質といった二項対立ではなく，**それぞれを育てていくためには，年間計画のどの単元に位置づけていけばよいのかなど，広い視点から議論していくことが重要**だと考えています。

歴史的分野の授業は，史・資料の扱いがポイント。様々な資料を収集しつつ，どの授業でどの資料を活用するのかなど教員間で情報交換をしておくことが，よりよい歴史的分野の授業づくりにつながる。

29 公民的分野の授業づくりのポイントを押さえる

公民的分野の授業づくりで大切なことは何だろう。社会科主任として，勤務校の公民的分野の授業をよりよくするために必要なこととは何だろう。

「現代社会の見方・考え方」を再確認する

　公民的分野においては，「現代社会の見方・考え方」と学習指導要領には書かれています。「対立と合意，効率と公正などの現代社会を捉える概念的な枠組みを『視点や方法（考え方）』として用いて，社会的事象を捉え…」とあるように，問うことによって見方・考え方を働かせるだけでなく，見方・考え方を生徒が理解した状態にすることも大切です。例えば，「公共の福祉」を扱う際，「私有地の畑を道路建設で取り壊すのは反対である。理由は，かわいそうだから」という認識をもった生徒は，判断はできているものの，社会認識の伴った判断ではないと見なすことができます。このときに，「個人の尊重と法の支配」という見方・考え方がこの生徒の思考の方向づけになるのです。「法の支配という考え方をすると，私有地を奪われることはやむをえないが，正当な補償，という法の規定に基づいてどのような補償が可能かを考えたい」というような認識になっているのであれば，見方・考え方が働いていると見なすことができるでしょう。

　公民的分野は，自分たちの生活につながる事象を数多く扱います。そのため，**教科として公民的分野における見方・考え方について再確認し，授業づくりを行っていくことが大切**です。

「D(2)よりよい社会を目指して」を授業するために

　公民的分野において，「学年末に『D(2)よりよい社会を目指して』を十分な時間をかけて学習することができていない」という声を聞きます。特に3学期に，入試対策として地理的分野，歴史的分野の復習に充ててしまっているということがないでしょうか。復習をすることは，公民的分野との接続を考えるうえで大切なことであるとも言えますが，「D(2)よりよい社会を目指して」を軽視することにならないようにしなければなりません。

　「生徒や保護者は入試対策を望んでいる。この時期にレポートを書かせるのも大変」という声ももっともですが，社会科主任としては「年間指導計画に基づいて授業をする」ということを教科の先生方，生徒・保護者にきちんと説明することが大切です。なぜなら，本単元を通して，中学校で身に付けるべき資質・能力が備わっているかを判断することになるからです。**認識の相違が生じないよう，年度当初からきちんと説明しておくことも必要**です。

世の中のことを自分事にする授業づくり

　公民的分野の学習こそ，暗記だと思わせてはいけません。例えば，選挙制度を学習する生徒が，小選挙区の議員定数を覚えることに躍起になっていることはないでしょうか。大切なのは，なぜ小選挙区制が導入されたのか，比例代表制と並立することで何を期待したのか，そして現状の選挙制度でよいのかといったことを「民主主義」という視点で考えさせることです。**「自分が生きる社会をよりよくするには」という視点で授業をつくりましょう。**

中学校社会科のまとめに位置する公民的分野。その最終単元は，生徒が社会における課題をどのように解決するかを考える，生きた学びにつながる。この単元のために3年間の計画を立てていきたい。

30 考察,構想する授業のイメージを共有する

「構想する授業は,どのように展開すればよいのでしょうか」という質問を受けた。考察する授業,構想する授業,それぞれどのような授業をすればよいのか,そのイメージを共有したい。

考察と構想の違いとは

　学習指導要領では,すべての単元で構想することが求められているわけではありません。例えば,地理的分野「アフリカ州」の単元で「アフリカの貧困問題を解決するために何ができるか」という「構想」を意識した授業を拝見することがあります。しかし,本来この単元で求められているのは,地域にみられる課題の要因や影響を「考察」することです。アフリカ州の単元で構想の授業をすることを否定するわけではありませんが,研究授業だったとしたら,この部分を問われることになるでしょう。社会科主任としてきちんと意図やねらいを答えられるようにしたいものです。

　学習指導要領で構想が求められているのは,下記の単元です。**各単元で,構想させることをねらいとして,計画を組んでいくことが大切**です。

地理的分野	C	日本の様々な地域	(4)地域の在り方
歴史的分野	C	近現代の日本と世界	(2)現代の日本と世界
公民的分野	B	私たちと経済	(2)国民の生活と政府の役割
	C	私たちと政治	(2)民主政治と政治参加
	D	私たちと国際社会の諸課題	(2)よりよい社会を目指して

歴史における構想とは

「構想」の文言が現れてから、「歴史で構想するとは？」という疑問が多くの先生方から寄せられました。歴史はすでに起きたことなので、構想させる余地はない、という考えもあります。早く公民的分野を始めないといけないので、構想の部分に十分に触れられていない、という切実な事情もあります。しかし、「現代の日本と世界」は「なぜ歴史を学ぶのか」に答える単元でもあります。本単元を授業として具体化すると、「現代社会の諸課題の解決策を歴史から探す」となり、次のように実践することが考えられます。

①歴史を学んだことを通して、現代社会の諸課題の解決策を考えさせる。
　歴史の中の類似の事例・解決策、過去と現代での違いを意識させる。
②時間軸以外にどのような視点が必要かを考えさせる。
　歴史的な視点だけでは構想できないことに気付かせる。

特に、②の部分は、歴史の学習の意味を実感させると同時に、**公民的分野を学ばないと現代社会の諸課題の解決策を考えることはできない、ということに気付かせることが**、次の学びへの意欲となります。

また、高等学校での学びとの接続を図ることも大切です。高等学校の地理歴史、公民にはそれぞれ構想する単元があります。そのことを意識して、中学校ですべてを完結させようとするのではなく、高等学校での学びの継続を意識できるような授業を計画していきましょう。

考察と構想の違いを理解する。どのような考察、構想をさせるのかをイメージし、そこに向かうために、どのように生徒の見方・考え方を働かせていくのかを意識して、単元を計画しよう。

31 授業と表裏一体で テスト問題を検討する

「定期テストでどんな問題をつくればよいのでしょうか」という質問を受けた。社会科主任として問題を検討，確認することは必要。しかし，どんな視点でアドバイスをすればよいのだろうか。

授業とテスト問題は表裏一体

　定期テスト，単元テストにかかわらず，テストの実施日が近くなってから，「どんなテストをつくればよいのですか？」といった質問を受けることがないように，社会科主任は「授業とテスト問題は表裏一体」と言い続けることが大切です。

　社会科教員自身も「○○をなんと言いますか」「□にあてはまる語句を書きなさい」というテストは幾度となく受けてきたと思います。そして，そういうテスト問題の作成は楽です。しかし，これを繰り返せば，生徒，保護者に「社会科は暗記科目」と刷り込まれます。さらに，授業が意味をなさないものとなってしまいます。**テスト問題は，授業の意図，身に付けて欲しい力を示す場，社会科とはどういう教科なのかを伝えるチャンス**でもあります。

　例えば，授業では，様々な資料から考察して「中世とはヨコのつながりが強まった時代だった」という結論に達する，いわゆる帰納法な展開であったとします。その過程をそのまま出題することで，資料の活用方法などをテストする，という方法もありますが，いわゆる記憶の再生産になります。しかし，「中世がヨコのつながり」という結論から一揆，惣村，連歌などの個別の事象を資料から説明していく，という過程テスト問題にするという方法を取ると，授業で身に付けた力を活用する力を見取ることができます。つまり，

授業が帰納的思考ならテストは演繹的思考，またはその逆という方法で，授業とテスト問題を表裏一体にするのです。

「テストで問うなら」を常に意識した授業づくり

テスト問題を検討する際に意識するのは次のようなことです。

①授業ではどのような問いによってその知識を習得したのか。
②どのように結論に達するか生徒の思考過程をたどることができるか。

①は，例えば人物名を問う際，授業で「だれが？」と問う場面はあったのか，人物ありきで授業をしたのだとしたら，人物を問うことにどのような意味があるのか，ということです。

②は，例えば「なぜ衆議院の優越があるのか？」という問いで，「任期が長く，解散もあるから」と解答させるのは思考ではありません。「衆議院には優越がある」という前提において，提示された資料から思考ができるような問題になっているかも検討する必要があります。

①も②も，**テスト問題が生徒にとっては授業の受け方の改善，教員にとっては授業の仕方の改善につながることが大切**です。「授業でも複数の資料のすべてをきちんと読み取ったうえで考えることが大切だ」と生徒が感じることができればよいのです。また，授業の中で資料の活用状況について机間巡視して支援する，といったような教師の授業改善につながればよいのです。

テストは生徒・保護者の関心が高いからこそ，授業での成果を問う問題を検討したい。「授業は授業，テストはワークから出題」ではない。よいテスト問題づくりはよい授業づくりであると考えよう。

32 テスト問題を確認する

「テスト問題をつくったので確認してください」という相談を受けた。テストを確認する際、どのような点に気を付けることが大切なのだろうか。

採点できる問題か

　テスト作成にあたっては、教科の先生方で問題を確認し合う習慣があるとよいと思います。誤字脱字がないか、（1）が2つないか、解答欄はすべてあるか、合計点数が合っているか、時間内に解答できるかなど、形式的なことはもちろんですが、社会科のテストであるがゆえの確認も重要です。

①何を答えればよいかが明確であるか。
②答えが分散して、何を答えても正解のようにならないか。

　①は、問題の条件となる部分や様々な資料に触れて答えることを指示したいがために、生徒にとっては「結局何が問われているの？」となってしまうケースです。解答させたいことは何かを明確にし、そこに導くための確実な指示となっているかを確認しましょう。特に**資料を活用させたいのに、実は資料がなくても暗記的知識で答えられる**、という事態は避けたいものです。
　②も社会科で起こりがちですが、解答を1つに絞るための資料選定のミスや、問題文の指示の曖昧さによって、解答が分散してしまうということです。**問題チェックの段階で「模範解答以外でこういう解答をした場合は、どのように採点するのか」**という確認を常に行うとよいでしょう。

採点段階で気付いたときは生徒の利益に

　採点をしているときに,「こういう問題に対して,こういう解答は×にしてよいと思いますか?」という質問を受けることがあります。この確認はとても重要です。採点基準通りの解答,書いてほしい解答ばかりでなく,想定していなかった解答への対応を迫られるケースもあります。

　生徒の解答を見て,「この問題の指示をそう捉えてしまったか!」と気付くことがあります。しかし,テストを実施してしまってからでは,時すでに遅しです。こういうときは,**自分の問題の落ち度を認め,生徒の不利益にならないようにすることが大切**だと思います。答案返却の際,「こう答えてほしかった」という理由をつけて減点したことを告げるのは,望ましい方法でありません。

問題は教科内で保存する

　テストを実施したら,テスト問題は,データでも紙媒体でもよいので,教科として保存しておくことが大切です。解答に導くための指示の言葉など,教科として積み上げておくとよいと思います。テストは,その教員の社会科観が最も反映されるので,授業改善には最も役立たせることができます。

　テストは授業で扱ったことができるかどうかを確かめるものですが,他の社会科教員のテストを見ると,社会科主任でも解けないということがあります。そういうときは,**授業ではどういう扱い方をしているかを確認して,出題すること自体可能かどうかを確認することも大切**です。

自分1人でテストをつくると思い込みが多く,他者に解いてもらうことで自分の言葉が様々に解釈できることに気付く。様々なチェックを通して,テストだけでなく自分の仕事ぶりにも変化があるはず。

33 評価方法を確認，共有する①
知識・技能

評価はどのように行えばよいのか。教員ごとにバラバラでは非常に困るが，どうしたら教科として統一された評価になるのか，観点別に確認したい。まずは知識・技能から。

知識を分類する

まずは，教科内で知識の質を共有しておくとよいでしょう。

①基礎的・基本的な知識（事実的知識）
②説明的な知識
③考察を経た概念的な知識（概念的知識）

①の事実的知識は，地名や人物，法令の内容などです。「社会科が暗記科目」という認識が根強いのだとしたら，①がテスト問題の大部分を占めているからだと考えられます。

②は，社会的事象の説明をする力で，相互の関連を考察する力と関連します。例えば，「墾田永年私財法が出された背景や結果を説明できる」というような力です。

③は，様々な社会的事象を一般化したり，原理を理解したりするなど，多面的・多角的な考察によって獲得した知識です。例えば，人権に関する様々な事象を学習し，人権の意味や意義，特色を考察した結果として身に付いた知識ということです。

知識の質に応じた学習と評価

　授業をするうえで評価場面を想定しておくことの重要性は，心得31でも述べていますが，「テスト問題をつくろうとしたら，事実的知識を問うことしかできないような授業だった」といったことがないように，原理を説明させたりする授業と，その評価問題，評価場面を考えておく必要があります。**社会科主任は，教科の先生方が日々行っている授業・テストにおいて，①～③のどの知識が多いのか，その傾向は共有しておきたいところ**です。

技能の評価は学習改善につなげる評価が大切

　技能の質は，次のように分類されます。

> ①資料から「見方・考え方」に沿って，必要な知識を読み取る技能
> ②情報を課題解決に向けてまとめる技能

　本来，技能だけを単独で評価することはないので，①②のような学習活動として取り入れ，知識と技能が結びついているかを評価する場面が必要です。また，資料を読み取っている場面でのつまずきを見取り，改善を促す指導が大切です。**授業では資料から事実を読み取る，テストでは事実から資料をどのように活用したかを説明する，という方法を用いると，同じ資料を用いても，技能が身に付いているかどうかを見取ることができます。**

> 知識・技能＝暗記ではない。資料を活用して考察した結果を説明したり，概念を獲得したりするのが知識・技能。教科内で，授業分析を行う際，扱っている知識・技能の質を共有したい。

34 評価方法を確認，共有する②
思考・判断・表現

「思考・判断・表現の観点で評価するには，何を書かせたらよいでしょうか」という質問を受けた。書くことは重要である一方，書かせる前，書かせた後で重要なこととは何だろう。

社会科における思考力

　思考・判断・表現については，ペーパーテスト，レポートにおいても，「書いた」という事実だけで評価できることはありません。
　思考力，判断力，表現力等の質を整理します。

---
①社会的事象から課題を見いだす力
②社会的事象の相互の関連を多面的・多角的に考察する力
③社会的事象の意味や意義，特色を考察する力
④(社会の変化を踏まえて) 選択・判断する力
⑤ ①〜④について，適切に表現する力

---

　①〜④のいずれも「見方・考え方を働かせ」が前提になります。②は説明的な知識の習得，③は概念的な知識の習得と関連があるので，具体的な学習活動と評価は心得33を参照してください。

　①は，単元の導入，本時の導入，または課題追究の場面で課題を見つける力を指しています。見いだした課題の妥当性を見取ることになります。

　④は，社会に見られる課題の解決に向けて自分の意見や考えをまとめることができる力を指します。

⑤は，資料等を用いて説明する力，根拠を明確化して主張する力を指します。こうした整理に基づいて，学習活動を吟味する必要があります。

学習改善につなげる評価

思考・判断・表現は，生徒に書かせる活動が重要ではありますが，「**書いておしまい**」ということではなく，**書くに至るまでの学習改善につなげる評価が特に重要**です。例えば，レポート返却時に「B」という評価を生徒がはじめて知りショックを受ける，といったことは避けたいものです。

評価基準（ルーブリック）をあらかじめ示したり，レポートを作成しているときに課題のある生徒に手立てを示したりするなど，指導方法を社会科教員内で確認することが大切です。レポートを書かせている間に何も指導をしないと，生徒を「こういう評価になるのだったら教えてほしかった」という気持ちにさせてしまうことになります。

「**この表現だと，資料１つのことにしか触れていないから，もう１つの資料にも触れましょう**」**といった指導を経て提出されたものに評価をすることが大切**です。

社会科固有の思考力

思考・判断・表現は，文章力のような，いわゆる国語力で評価することがないようにしたいものです。**社会的事象を対象に考察しているところ，社会科固有の学習内容において考えたことを表現しているところに教科としての特質があります**。他教科での評価方法も共有し，深めていきましょう。

思考・判断・表現＝書く，ではない。どんな問いで生徒に考えさせるか。文章，図・表など，どんな方法で表現させるか。学習改善を促す手立てはあるか。これらがそろって，はじめて評価ができる。

35 評価方法を確認，共有する③
主体的に学習に取り組む態度

「主体的に取り組む態度はどのように評価したらよいのでしょうか」という質問を受けた。社会科教員内で，この観点の意味，評価するための学習活動，方法を共有したい。

瞬間的に評価できるものではない

挙手の回数，レポートの量，美しさ，などに目が行きがちですが，こうした表面的に見える瞬間的な場面で主体的に学習に取り組む態度が評価できるわけではないということを，社会科教員内で再度確認することが大切です。

まず，この観点の2つの側面をあげます。

①知識及び技能を獲得したり，思考力，判断力，表現力等を身に付けたりすることに向けた粘り強い取組を行おうとする側面
②①の粘り強い取組を行う中で，自らの学習を調整しようとする側面

（国立教育政策研究所（2019）『学習評価の在り方ハンドブック　小・中学校編』p.9，下線筆者）

①，②は，別々ではなく相互に関連しています。例えば，単元の導入での見通し，毎時間の授業における「本時の学習内容で単元を貫く問いを解決につなげること」などが具体的な学習場面となりますが，粘り強さ，自己調整のどちらも関わっていると言えます。大切なことは，思考・判断・表現でも述べましたが，**学習改善につなげる評価**を行っていくことです。

振り返り方

　振り返りを書かせる方法で評価を行う際は、振り返り方こそが重要です。振り返りの方法は、スポーツに例えられることがあります。例えば、バスケットボールの試合が終わった後のミーティングを思い浮かべると、自分や相手の動きから次の試合に向けて望ましいプレーを考えたり、うまくいった、いかなかった原因を分析したりします。これと同様に、例えば「次からは地形図を読むときに、川とその周辺の土地利用に着目するようにしたい」という振り返りがあったとすれば、社会科における資質・能力を身に付けようと粘り強く取り組んだり、自己調整を行ったりしている姿とみなすことができます。

　教科として、共通の振り返りシートを作成する際は、「自分の学習方法のよかったところ、課題を書きましょう。次の単元でどのように学びたいか書きましょう」など、文言を検討することが重要です。**テスト問題と同じく、指示１つで生徒から表出される姿が異なってくる**からです。

評価の仕方を校内で共有する

　この観点の評価の仕方は、学校の研究主題として扱われるほど、各教科で試行錯誤されています。社会科主任としては、教科として方針を定めて実施し、それを校内で積極的に共有することが大切です。社会科においてはどういう姿を求めているのか、どのように学習改善を促しているのかを伝えていきます。また、**振り返りをさせる時期が重なって、生徒が「振り返り疲れ」を起こさないよう、他教科と時期を調整することも大切**です。

　主体的に学習に取り組む態度は、正しい方法で正しく評価をすることが重要な観点。様々な実践事例を集めたい。そして、教科として、学校で取り組む評価方法を共有しておきたい。

第４章　授業づくりと評価計画　085

コラム

授業づくりの悩みに耳を傾ける

　授業づくりや指導計画は，1人で行います。1人で行っていると，授業がしっかりつくれているかどうかは，受けている生徒たちの反応でしか判断できないことになります。経験が少ない教員は，今の授業の方法がよいのかどうか悩みます。こうしたときに，気軽に相談できる社会科主任であることが望ましいと思います。

　しかし，質問を受けても，「自分の授業ではこうしています。やってみてください」と正解のようなものを示すだけの答え方では，気軽な相談相手とは言えません。相手の困っていることを理解し，相手の授業スタイルを生かしながら，どのような改善点があるのかを一緒に考えられるようになるとよいでしょう。

　また，時には理論や実践例を紹介できるよう，引き出しをもつようにしましょう。相談に来た教員が「授業で内容と内容の切り替わりで生徒の集中力切れてしまう」という悩みをもっていたら，「『問いの構造図』という考えがあるので勉強してみてください。○○先生の授業実践が参考になりますよ」といったアドバイスができればよいと思います。私自身も「生徒に見通しをもたせる授業展開」について質問を受け，この先生のやりたいことは「逆向き授業設計」ではないかと考え，自身も改めて勉強するきっかけになったことがありました。

　一方，経験年数の長いベテラン教員は，自分のスタイルを変えることが難しい場合もあると思います。特に，GIGAスクール構想で端末が配付されても，ベテラン教員自身が使用しようとしない傾向があります。こういったときも，ベテラン教員の授業スタイルを尊重し，生徒にその授業の価値が伝わるように働きかけることが大切です。

　一方，自らが授業実践をして，見せることによって，授業づくりの悩みが解決する場合もあります。人の悩みは自分の勉強にもなると思います。

第5章
よりよい授業のために

36 出張に積極的に出られる環境をつくる

よりよい授業のためには，校外での研修が大切。しかし，校務との兼ね合いで，なかなか外に出られる機会が少ない。どのようにすれば機会を確保できるのだろうか。

日頃からの教科としての準備がカギ

　教育基本法第9条には，「絶えず研究と修養に励み…」と書かれていますが，校外で行われる研修の機会にどれほど参加できているでしょうか。地域の社会科研究会の役員等で参加する場合もあるでしょうが，自分の希望で研究授業等に参加するのがためらわれるという声を聞くことがあります。また，研究授業等に参加するために年次休暇を取得している方もいるようです。ここでは，職務命令としての出張扱いで各種研究会に出席できるようにすることを考えていきたいと思います。「研究したい」という個人の意思に任された出張ではなく，学びに行くことを保障していただくということです。交通費，参加費を自己負担していくような形は望ましくありません。

　平日に出張に出ることがためらわれる理由は，担任業務，生徒指導，授業変更，さらには委員会や部活動といったことがあげられるでしょう。教科内の先生方に出張に出てもらうには，教科としての日頃の取組が重要だと思います。日頃から授業にきちんと取り組むことは当然として，**学年の仕事，お休みの教員の代替事務，生徒指導に積極的に関わるなど，校内の先生方からのご理解をいただくことが大切**です。生徒の立場からしても，授業を研究するために先生が不在になっても，授業できちんとバックされるのなら，理解を示してくれると思います。

残った人で何とかしようという雰囲気づくり

　社会科主任自らはもちろんのこと，教科内の先生に積極的に出張に出てもらったり，教科をあげて出張したりすることを実現するためには，研究会等の実施要項をきちんと管理職に見せて出張承諾をいただき，事務手続きをする必要があります。私たちは「不在時に，残った教員に迷惑をかけないように」と考えがちですが，不在時と出張の二重の準備も負担ですから，**「残った教員でなんとかすればよい」という雰囲気づくりも大切**です。とはいえ，不在にするにあたって考えておくべきことを示します。

> ①授業は他の曜日の教員と入替可能なのか，自習なのか。
> ②担任業務，生徒指導はだれが代わりを行うのか。
> ③その他，想定される事態にだれがどのように対応するのか。

　①は，なるべく自習にすることなく授業ができるよう，早い段階で教科を問わず相談しておくことです。自習についても，1人1台端末を使うことが可能なら，「復習をする」のような曖昧な指示をするのではなく，端末を使って調べて提出させ，次回の授業で共有できるようにするとよいでしょう。

　②は，どの校務分掌においても，不在時の対応をだれにお願いし，何をしてほしいのかを明確にしておくことが必要です。

　③は，不在時に何か問題が起きて，残った先生が困る状況がないよう，起こることを具体的に想定し，伝えておくことが大切です。

職場内の他の教員が積極的に出張に出られるように働きかけることも重要。よりよい授業のために，自分の希望した出張に積極的に出られるようにしよう。

37 研究大会に参加する①
授業研究

「社会科の研究大会に参加したいと思っているのですが，どんなものがありますか？ どんなものに参加するのがよいですか？」という質問を受けた。こうした熱意にはしっかり答えたい。

目的に合わせた研究大会への参加

　冒頭の質問を受けた際，相手が何を目的にしているのかを把握しましょう。社会科主任には様々な案内文書が送られてくるので，教科内の教員に紹介したり，行くことを勧めたりすることも大切です。

　公開されている研究会を大別することは難しいのですが，目的に合わせてどのような研究大会があるかを紹介するのも大切です。

①授業を見る。
②実践報告を聞く。
③社会科教育の理論を研究する。

　ここでは①を取り上げます。授業公開を中心とした研究大会は最も多く行われる方法です。学校や市町村，都道府県の教科団体が主催するものなど様々な形態があります。都道府県で取り組んできた大会は，研究部が数年をかけて研究した理論や授業構想に基づいて，会場校の授業者が授業をする大掛かりなものとなります。学習指導要領の改訂が発表された後は，それを授業として具現化すること，改訂後は「個別最適な学び」など，テーマを設定して学習指導要領をより深めるための授業研究が行われています。

授業の前後までを踏まえて参加する

　教員と生徒のやりとり，生徒同士の対話など，目の前で行われる展開を見ることができる授業公開は，自身，自校の取組に即反映できる魅力があります。授業者の立場から考えると，授業に至るまでの取組，公開授業後の活動までの計画があり，その中で公開する本時を決めています。目の前の授業をしっかり観察することはもちろんですが，**授業前後の取組，本時を設定した意図を考えて参観することが大切**です。

協議会では回答をしてもらうことでより深まる発言をする

　大会参加時は時間も限られていますが，できるだけ授業後の協議会にも参加し，必ず発言するようにしましょう。かつて「協議会の発言でその教員の資質がわかる」と言われたことがありました。授業者の立場を無視して自分の実践，持論を紹介するような発言，明らかに批判することを目的とし，授業者に不十分な点を述べさせるような発言は避けなければなりません。

　授業者は，批判を覚悟のうえで様々な選択肢の中から授業手法，資料，生徒の指名などを決めています。また，授業者だけでなく研究団体や指導者が背景にあります。ですから，**尋ねることで，授業には表れなかった意図，生徒の実態，授業者自身の課題意識**などが引き出されるような質問の仕方が大切です。最近は，小グループに分かれての協議会，事前に授業を配信しておいて協議をメインとする研究会も増えましたが，こうした場合も「自分がこの授業を生かしてどのように改善するか」を目的に据えることが大切です。

経験年数が増えると，協議会で批判的な意見を述べたくなるもの。しかし，自分がこの授業を生かしてどのように改善するかを考えることが，授業研究に参加する真の意義。

38 研究大会に参加する② 実践報告

実践報告を中心とする研究大会への出席を求められた。どういう視点で参加し、どのようなものを得ればよいのだろうか。また、発表する側になったらどんなことに気を付けたらよいのだろうか。

実践報告から得られるもの

　研究大会の中には、「地図の活用」「金融教育」などのテーマに基づき、授業実践を行った授業者たちが発表をする「実践報告」があります。学会などでは、シンポジウム、課題研究として、このような場が設定されることがあります。目の前で授業が展開される授業研究と異なり、すでに授業が行われた実践報告は、授業の様子を発表や資料の文字から推測することしかできません。最近は、写真や映像を使った発表も行われているため、以前よりも授業の様子をわかりやすく伝える報告も増えてきました。

　また実践報告は、**授業者が単元全体の指導計画を示したり、単元を終えて生徒がどのような反応を示したかが提示されたりするなど、自分自身の実践につなげられるものを多く得ることができることも特徴**です。こうした資料を自校の実践に活用するとよいでしょう。

　実践報告に参加する際は、次の2点を理解して臨む必要があります。

①主催者が設定しているテーマ
②報告者は日常の授業に基づいて報告していること

　①が大会に出席するうえで最も大事なことであることは言うまでもありま

せん。例えば，冒頭で例にあげた「地図の活用」の場合，報告者がどの単元での地図の活用の報告をしようとしているのかを予め確認したり，自分自身はどのような問題意識をもって地図を活用しているのかを振り返ったりすることが大切です。

②は，報告者は日々授業実践を行っている教員が選ばれることが多いものの，決してこのテーマのために実践を行っているとは限らないということです。報告者は，主催者のテーマに寄せ，その視点から自分の実践を再解釈して報告することが求められているからです。

参加者側は，発表にあたって報告者側が再構築したものだけでなく，**本来どのように日々の実践を行っているのか，実践者自身はテーマをどのように考えているのかなど，発表の裏側まで聞き出せるように参加するのが望ましい**と思います。

実践報告をする側になったら

自分や自校の取組を実践報告するような場面もあるかもしれません。その際に大切なことは，「自分が参観者だったらどのようなことを知りたいか」を考えて発表することです。例えば，生徒のよい作品などを強調し，実践の有効性を述べても，「自分たちには実践不可能ではないか」と捉えられてしまっては意味がありません。主催者の意図に添って発表することを目指しつつも，**手立ての必要な生徒の実態や，それに対して講じた手立てなど，ありのままをきちんと報告する方が，より実践可能性が高まる**でしょう。

文字情報と口頭発表による実践報告は，テーマの理解と，報告者がテーマにどのように寄せたかを解釈して望むことが大切。自ら報告者になる場合は，ありのままを報告することを心がけたい。

第5章　よりよい授業のために　093

39 研究大会に参加する③
理論研究

> 社会科の学会には,どのように参加したらよいのだろうか。また,発表することになったら,どのようなことに気を付けたらよいのだろうか。

理論研究

　社会科教育の研究に欠かせないのが,理論研究です。よい実践を見るだけでなく,背景にある社会科の理論を研究することも,よりよい授業を展開するために不可欠だからです。こうした理論をより早く学ぶことができるのが社会科教育の学会です。

　学校や教科団体が主催する研究会とは異なり,大学の教員が主催する学会は,国内外の様々な社会科の研究の発表を聞いたり,議論をしたりする場です。かつては,学校に出張文書が来ることはなく,自己負担で出席することがほとんどでしたが,学会側が派遣文書を作成し,出張扱いになるよう管理職に配慮を求めてくださる場合もあります。

　学会は,社会科教育を実践している教員だけでなく,大学教員,大学院生などがそれぞれの立場から発表します。学習指導要領を具現化するための授業研究会とは異なり,学習指導要領の背景にある理論から学習指導要領の捉え方を再構築したり,海外の社会科教育の理論に基づいて実践を構想したりする研究があります。理論研究は,実践を行って仮説を検証するものもありますが,理論に基づいて実践を構築することが可能かどうかを検証することに目的が置かれるものもあります。

理論研究から何を学ぶか

「理論研究は役に立つのですか？」と聞かれることがありますが、「明日の授業をどのように改善するか」という意味では、すぐに役立つものではないでしょう。しかし、**理論研究は現状の教育では達成できない問題意識から研究が展開されています**。学習指導要領を具現化するという目的から離れ、「歴史に対する批判的思考力を身に付けさせる」といった目的に基づいて理論を構築し、実践を行う研究があったとしたら、その研究を通して学習指導要領では身に付かない課題が明らかになるかもしれません。また、時には真正面から議論することも大切です。発表に対して「学習指導要領を逸脱している」といった批判は意味をなしませんが、学習指導要領の立場を踏まえた研究の意図を聞き出すなど、研究を深めるような議論は重要です。

発表する側になったら

学会での発表に挑戦することも、授業を公開することとは別のよさがあります。自分の理論、授業を通した検証を、多くの人に広めることができるからです。学問の世界ですから、管理職の許可は必ずしも必要としませんが、勤務校が公表されるので、事前に相談しておくのがよいでしょう。

理論を検証するために授業実践をする場合、生徒の貴重な授業時間を使うわけですから、研究成果が生徒に還元されることを心がける必要があります。**学習指導要領を超えた実践をする場合も、決して「研究のための研究」とならないよう、教育課程上の位置づけを明確にすることが必要**です。

> 理論研究は、自分や自校の授業実践の背景にあたるものを形成するために、積極的に参加することが大切。自らが理論研究を行う場合、目の前の生徒たちのことを考えた研究であることが必須。

40 研究大会で得たものを自校に還元する

「研究大会はどうでしたか？」と聞かれたり，聞いたりする場面がある。研究大会に参加した後は，何をどのように自校や地域の教育に還元すればよいのだろうか。

資料は保存，共有する

研究大会に行った後は，その成果を自校の授業や研究に生かせるようにすることが大切です。教科内で報告書をまとめたり，報告会をしたりするような時間はないと思いますが，研究大会の成果を自分だけのものにするのは非常にもったいないことです。次のように共有するとよいと思います。

①資料は，だれでも手に取れる場所に置いておく。または，PDF等で保存し，共有フォルダに入れておく。
②授業記録のメモ，質疑応答などの記録も，可能な限りPDF等で保存しておく。
③研究大会から得た成果に基づいた授業実践を行う場合は，教科内の教員にも周知する。

①は，大会に参加しなかった先生方にも見てもらえるようにするということです。自分が行かない研究大会の資料は手にしないことが多いですが，いつでも読めるという状況は大切です。データ化して保存すれば，だれが置いたのかわからない，処分してよいのかわからないということも起こりません。

②は，単に資料だけ置くよりも，参加した人の感触がわかるものが残され

ていた方が，読む側はその意図も含めて読もうとするものです。改めてまとめ直す必要はありませんが，参加者としての視点を残すとよいでしょう。

　③は，研究大会で得られたものに基づいて授業改善を行う場合，ぜひ他の先生方にもそういう視点で見ていただけるようにする，ということです。**研究大会で得た成果を授業の形で見せることが何よりの還元になるから**です。例えば，これまで使うことがなかった史・資料を読み取らせる，理論研究に基づいた授業展開をする，話し合いの活動の共有方法として新しいソフトを導入するなど，授業展開に変化をつけるときは，第三者に見てもらうのがよいと思います。1時間すべてを参観することが難しい場合は，授業のヤマ場となりそうな時間帯を提示する，録画をして見せるなども考えられます。

人との出会いも研究大会の成果

　研究大会に参加することで多くの人と出会うことも成果の1つと言えるでしょう。参観者同士，授業者や発表者，あるいは指導の先生など，多くの人と交流することができるでしょう。だからこそ，研究大会ではできるだけ発言した方がよいのです。そのときに，授業者や発表者を尊重しながらも，授業者の意図を引き出せるような鋭い質問をする先生がいたら，会場内の方々も声をかけたくなるものです。名刺など連絡先を交換できるものを用意し，積極的に研究の輪を広げるようにしましょう。

　また，指導者の先生に対しても積極的に声をかけ，連絡できるようにするとよいと思います。自分の研究授業の指導をお願いする，社会科の研究をしていくうえで指導を受けるなど，**出会いが自らの実践の幅を広げます**。

研究大会の成果は，自分だけのものにせず，自校や地域の教育に還元することが大切。また，研究大会で出会った人を大切にし，研究の輪を広げていくことも，研究大会参加の成果と言える。

41 研究授業を行う①
社会科主任の役割

自校を会場校として,研究授業を行うことになった。指導案には何を書けばよいのだろうか。教科として何をしていけばよいのだろうか。研究授業として何を準備しておけばよいのだろうか。

研究授業における社会科主任の役割

研究授業は,教育委員会の訪問指導,市区町村の研究会から都道府県,全国規模まで様々なものがあります。自分が授業者である場合だけでなく,教科の先生が授業者の場合もありますが,社会科主任として大切なことは下記の3点です。

①指導案の理論部分について検討を行う。
②単元計画,本時案は授業者の意向を汲みながら細部の助言をする。
③授業の運営に関わる。

①は,学校や社会科の研究団体が設定している研究主題をどのように自校の研究に反映させるのか,という視点です。例えば,「教育のDX化」が学校の研究主題だった場合,社会科ではどの部分を引き取ればよいのかを明確にする必要があります。例えば,授業中の生徒の意見集約にアプリを活用する,評価レポートをフォームで提出させ返却する,話し合いの記録をAI解析させて文字化するなど,教科として何を行っているのかを明確にする必要があります。そのうえで,指導案の理論部分(教材観,指導観,生徒観)に反映させていきます。

②は，社会科主任として研究授業の方向性を定めると同時に，自分以外の教員が授業者である場合，授業者の意向を最大限汲みながら助言をしていくことが大切です。もちろん，社会科として誤った認識があれば修正を求めることは必要ですが，授業者が納得できない授業は，授業者にとっても生徒にとってもよい成果とはなりません。助言をする立場に立ったら，授業者に資料や授業方法など，様々な選択肢を与え，その中から判断してもらえるようにするのがよいと思います。

　③は，規模にもよりますが，研究授業を行うには，様々な運営が必要です。参観者や指導者の履物と下足表示，教室案内，移動ルートを示した揮毫・掲示，授業者の印刷物の用意，授業会場の整備など，様々な準備が考えられます。管理職と相談して，計画的に進めるようにしておきましょう。

勤務時間内で準備できる研究授業

　研究授業を行ううえで最も大切なことは，勤務時間内で準備することです。**参観者として「すごい授業だ」と思っていても，協議会の授業者の反省で「毎日22時まで残って準備しました」という話を聞いたら，「自分にはできるはずがない」とがっかりする**ことでしょう。製作に時間のかかる掲示物をつくり込む，研究授業のために生徒に事前指導を行う（いわゆる仕込み）などは最も避けたいところです。参観者，指導者に失礼がないように準備，指導をするということはあっても，そのために日常業務に影響を及ぼすような準備とならないよう，**日々の実践の質を上げていくことが大切**です。

研究授業は，研究主題に対して社会科が担う役割を授業の形で明確に示すことができるチャンス。そして，「研究授業のための授業」にならないよう，日々の実践の質を上げることを心がけたい。

42 研究授業を行う②
教科としての挑戦

「研究授業では何を中心に発表すればよいでしょうか」という質問を受けた。社会科主任として，発表内容を整理し，授業者に自信をもって授業をしてもらうために何をしたらよいだろうか。

研究授業の意味・意義を考える

　研究授業と聞くと，だれでも身構えます。準備に時間をかけ，授業を多くの人に見られ，協議会で意見を言われ…と，気が滅入ってしまいそうです。しかし，自分たちの授業について多くの人を巻き込んで長時間にわたって議論をすることができる絶好の機会です。研究授業を楽しむことができるようになるためには，社会科主任として次のことが大切だと考えます。

①教科として，授業者あるいは学校として，どのような挑戦をしてきたかを明確にする。
②あらゆる批判を想定しながらも，確固とした信念に基づいた選択をして授業を行う。

　①は，自校あるいは地域の社会科が取り組んできたことを明確にするということです。これは，「主体性を育成する」や「学ぶ意義を味わわせる」といった大きなテーマに限りません。3学年共通のワークシートで見通しと振り返りを行ってきた，話し合いの記録を録音して生徒自身が学びの振り返りと学習改善を行ってきた，といった具体的なことでもよいのです。参観者に，どのようなことを継続して行ってきたのかを示すことが大切です。

②は、①とは異なり、公開する授業の1時間でどのような挑戦をするか、ということです。学校の研究主題に直接関わる場面を本時として公開できれば最もよいですが、それができない場合もあります。その場合は、研究主題に関わる部分は、協議会で授業者ないし社会科主任から語るようにし、公開授業では、その1時間に授業者、あるいは教科としての挑戦を盛り込めばよいと思います。その際に大切なのは、授業で選んだ教材・教具、授業手法などに対して、あらゆる批判を想定しながら、それを選んだ理由を説明できるようにしておくこと（理論武装）です。例えば「3人組の知識構成型ジグソー学習よりも、4人組の話し合いの方がよかったのでは？」といった意見を想定しながら、最終的に3人組を選択した理由を授業者個人、あるいは教科として説明できるようにしておきたいところです。

回答は謙虚に、でも自信をもって

　研究協議会で、質問の手があがらない授業は、ある面では成功かもしれませんが、議論の余地がない、という意味では失敗であるとも言えます。挑戦を入れた授業では、「自分ならこうするのに、なぜこうしたのか？」といった質問が出ます。こういう質問こそ、研究を深めることにつながるでしょう。**批判的な意見もあるかもしれませんが、教員も生徒も納得している授業が提供できているのならば、それは一意見として受け止めればよい**のです。

　回答するときは、つい反論したくなることもあるかもしれませんが、謙虚に受け止めることを教科として徹底したいものです。**大切なのは、授業者や学校を守ることではなく、授業を受けた生徒たちに研究成果が還元されること**です。そこまでの準備ができていたら、自信をもって回答しましょう。

研究授業で最も大切なことは、どのような挑戦をするか、何を見てもらい、協議したいと考えているかを明確にすること。

43 研究授業を行う③
成果と課題の発信

研究授業が終わってよかった。職場内がそのような雰囲気になっていても，大切なのは授業を終えた後。どのように成果と課題を学校の内外に発信するか，その方法を考えていきたい。

貴重な実践を塩漬けにしないために

　研究授業でせっかくよい発表をしたのに，参観者以外には広まっていないということがないでしょうか。日々多忙を極める中，授業の発信まで追いつかないというのが実情でしょう。また，研究成果を学校の研究紀要として制作する段階になって，授業で生徒が活躍している場面の写真を掲載したり，手立てが必要な生徒の実例をあげて，「このような生徒への対応を考えることが今後の課題です」等とまとめたりするのは発信とは言えません。

　実践して振り返ることもなく終わりにする，いわゆる"塩漬け"は，研究授業の無駄になってしまいます。そこで，研究授業の成果と課題は，次のように発信するとよいと思います。

①当日の指導案，授業後の生徒のワークシート，成果物などを保存し，関係者に広めていく。
②個人あるいは教科として，論文や成果報告書を制作し，公開されるように働きかける。

　①は，研究授業で教科として制作した資料を，当日参観できなかった先生方にも見てもらえるようにすることです。郵送は費用がかかりますが，社会

科教員が集まる会の出張などがあれば持参し，参加している教員に配付することなどが考えられます。成果や課題をまとめる時間がなければ，指導案やワークシートを持って行くだけでもよいのです。とにかく，参観者以外にも実践した授業を広めようとすることが大切です。

　②は，勤務時間内でできることではなく，自主的な活動になることを前提としますが，論文や成果報告書の形式で作成し，発表できる場がないかを検討することです。市町村教育委員会のホームページに掲載されたり，教科団体の会誌や，民間の教育雑誌に寄稿したりすることが考えられます。自らが実践報告の場に行く場合でも，出張として勤務扱いになることもあります。研究授業を行ったら，その成果を報告することが大切です。

課題を報告してこそ真の報告

　授業の成果を発信する際は，明らかな課題，失敗も公表できるようにすることが大切です。例えば，「中学生には解釈が難しい資料を用いたところ，理解が深まった生徒とまったく資料が活用できない生徒がいた」という結果であったとしても，理解が深まった生徒のみを取り上げるのは，真の報告とは言えません。**ありのままの状況を報告し，自らが改善点を述べ，それを踏まえて他の実践者が挑戦できるように判断してもらうことが必要**です。

　他の実践者にとっては，授業の課題は先行研究となる場合もあります。「ここでの課題を克服するために，新たな手立てを講じた」という研究として深まれば，その授業の失敗が別の授業の成功に寄与したと言えます。

研究授業を終えてひと息つきたいところだが，それをどのような方法で発信するか，その手立てをいくつももっていることが大切。失敗も隠すことなく報告することが，明日のよい実践を生み出す。

44 書籍を通して学ぶ環境をつくる① 社会科教育

「社会科の研究のためにどんな書籍を読んだらよいでしょうか」という質問を受けた。よりよい授業を行っていくうえで，どのような書籍を紹介したらよいのだろうか。

社会科教育の本

よりよい社会科の授業をつくるためには，読書も欠かせません。しかし，どのような書籍を読む，あるいや勧めたらよいのでしょうか。ここでは，具体的な書名をあげることはしませんが，どのような視点で書籍を探したり読んだりしたらよいのかを述べたいと思います。

ここで取り上げるのは，社会科教育に関する書籍です。すべてを網羅できるわけではありませんが，次のようなものが考えられます。

①学習指導要領の解釈やそれに基づいた実践例が紹介された書籍
②理論と実践に基づく授業づくりが掲載された書籍
③社会科教育の理論，歴史，海外研究などが紹介された研究書籍

①は，最も手にすることが多い書籍だと思います。分野別，単元別の授業実践例が紹介されている書籍は，最も手にしやすいところでしょう。

②は，学習指導要領に限らない，研究理論に基づき実践された授業例や，教師の経験に基づいた授業づくりの方法などが掲載された書籍です。

③は，社会科教育そのものを理解し，理論的に社会科の授業を改善するための知見を得るための書籍です。

「明日の授業のために」から「未来の授業のために」へ

　先生方が社会科教育の書籍を手にされる最大の動機は「明日の授業をどうしよう」ということだと思います。その際，単元を貫く問い，学習活動例，ワークシートの例が掲載された書籍は，授業の質を担保するために非常に役に立ちます。

　しかし，こうした書籍だけではなく，**授業づくりの背景がわかる書籍を読むことも大切**です。「問いをどのように構成するか」「『なぜ歴史を学ぶのか？』と考える生徒に学ぶ意義（レリバンス）をどのように構築させるか」「アメリカ合衆国では市民的資質をどのように育成させているのか」など，自身の関心に基づいて書籍を選んだり，今取り組んでいる課題を解決させるために書籍を探したりすることが望ましいでしょう。②や③の読書は，すぐに授業に使えるものとは言えないかもしれませんが，生徒が考えたくなるような発問，指導と評価を一体化させるための評価問題など，自分が求めているものがあれば，その解決のヒントを得ることができます。

教科教育の視点からの授業改善

　社会科教育の研究は，学習指導要領が改訂されたり，社会科という教科が廃止されたりしたとしても，なお存在価値が残り続ける教科教育の研究であるということです。学校現場にいると，研究の視点が広がらないのも現実です。様々な視点を獲得するためにも，様々な研究書を手に取りましょう。

すぐに授業に使えるものを手に取ることだけが授業研究ではない。その書籍の背景にある社会科教育の理論にも目を向けていきたい。自分の問題意識，課題に合った読書を勧められるようになろう。

45 書籍を通して学ぶ環境をつくる② 教科の背景学問（教科内容）

「教材についてより深く理解したいと思うのですが、どんな書籍を読んだらよいでしょうか」という質問を受けた。よりよい授業を行っていくうえでどんな書籍を紹介したらよいのだろうか。

学問的な背景を知る

　前項が教科教育としての社会科の書籍であったのに対し、本項では、教科の背景となる学問に関する書籍です。例えば、地理学、歴史学、政治学などの分野です。学問的な背景を理解すると、より授業が深まることになります。私は以前、歴史の授業を行ううえで「歴史学者からも歴史教育学者からも教育学者からも批判をされないような授業を目指すことが大切である」と言われたことがあります。例えば「聖徳太子は天皇を中心とした国づくりをした」という授業を行った場合、「聖徳太子の時代に天皇という言葉を使うことは適切か」ということを歴史学の立場から言われることがあります。単に「教科書に書いてあるから」で使っているのと、「天皇という言葉がはじめて使われたのは推古天皇あるいは天武天皇のどちらか」といういわゆる推古朝説、天武朝説を知っていて使っているのとでは、大きな違いです。これが直接授業で語られることはないかもしれませんが、授業者が学問的背景をもって授業に臨むことがより深い学びにつながるのです。

背景を知ることで授業観が変わる

　例えば、学習指導要領の地理的分野の「見方・考え方」は、地理教育国際憲章（1992）の中心概念に基づいていますが、原典にあたって研究すること

が大切です。また，政治で小選挙区比例代表並立制を学習する際も，そもそも比例代表とはどのような考えに基づいた制度なのか，ドント式以外に，議席配分法はどのようなものが考案されているのかなど，現行の制度の背景にあるものを知っていると，それだけでも授業観は大きく変わるものです。

あらゆる批判に耐えるために

　例えば，「なぜ，江戸幕府は260年続いたのか？」という問いは，社会科教育においては定番の発問です。しかし，歴史学の観点からこの問いを探究すると，偶然性によるもので明確な解は得られず，この問い自体が学問的に成立しない可能性に気付かされます。**学校の定番が学問の世界からは認められないという事例は他にも多数ある**でしょう。

　しかし，この発問に意味がないわけではありません。このように問われれば生徒は考えるようになります。教師のねらいが「根拠をもって歴史的事象を説明する」ということならば，この発問で目的は達成されるでしょう。

　それでは，教育的にも学問的にも成立する発問とは何かを考える必要があります。例えば，「なぜ，『江戸幕府が260年続いた理由は偶然である』と言われるのか？」と問えば，まず生徒は学問的に江戸幕府の存続の偶然性を探究することになります。次に問いの解をまとめ，最後にこの学説の正否に対して自分の考えをもたせることになります。このように，**発問の工夫で背景学問を踏まえた授業として成立させることができます**。

　あらゆる批判に耐えるには，様々な立場の考え方を知ることです。自分の論に都合のよい読書にならないよう，視野の広い読書を進めてください。

教科教育に対して教科内容の視点からの読書も，よりよい授業をつくるには不可欠。自分の授業の後ろ盾にするためであると同時に，自分を批判する立場からの書籍に出合うことにもなる。

コラム

他者の授業のよいところを探す

　公開授業を見る機会が多くなると，よい授業とそうではない授業がわかるようになってきます。授業を見ていて，「なぜこの問い，資料なのか？」「授業者は学習指導要領を理解しているのか？」など，つい批判的な疑問が頭に浮かぶことがあります。そして，それをそのまま協議会で授業者にぶつける人がいて，会場全体が冷ややかな空気になってしまう現場に居合わせたことがある，という方もいるのではないでしょう。

　こうした課題の多い授業に対し，代案を考えることも力になります。しかし私は，授業を見るときに最も大切なのは，「他者の授業のよいところを探す」ということだと思います。どのような授業であっても，必ず自分にはない視点，授業者の配慮があるはずです。そういったことを見つけようとすることでも力は付きます。

　10年以上前に，地理的分野の研究授業で当時はまだ見慣れないジグソー法を用いた3人の協調学習を参観したことがありました。協議会の最後にある指導者からは「今日は社会科の授業というよりも，ジグソー法の研究協議になってしまった」という話がありました。一方，別の指導者からは「ジグソー法という学習を成立させるには，いかに日頃の社会科授業における生徒指導が大切であるかがわかる，非常によい実践だった」という話がありました。参観した中学校は，生徒指導に課題を抱える学校で，立入禁止と書かれた協議会場に生徒が入り込んでしまう場面もあったほどでした。このような生徒たちが研究授業中にジグソー学習を行うために，席を移動し，担当の資料を発表し，グループで1つの答えを構築しようとする姿が見られたのは，授業者の日頃の社会科授業における指導の賜物であったと今でも思います。

　「うちの学校は生徒指導で研究授業どころではない」ということもあるかもしれませんが，果敢に研究的な取組を行うことで，このような，生徒を社会科に熱中させる授業が生まれるのだと確信しています。

第6章
教育実習生の指導教員になったら

46 教育実習生のための授業計画を組む

「今年は社会科の教育実習生が来ます。だれが指導教員を担当するか決めてください」という指示があった。教育実習生を指導する際に必要なこととは何だろうか。

教科全体で指導する

　附属学校では，毎年実習生を受け入れ，全員が複数名の実習生を担当しますが，附属学校以外では，毎年社会科が受け入れるとは限りません。教育実習生の指導は，通常業務に加えての指導となるので，負担感も大きいと思います。しかし，実習指導を通して得られるものも大きいと思います。

　教育実習生の指導教員は，社会科主任自らが行う場合，教科内の先生にお願いする場合がありますが，いずれにしても，1人で抱えたり，担当する先生に丸投げしたりすることがないように，教科全体で指導する体制をつくることが必要です。**実習生からすれば，多くの教員と関われるということ自体が学びになります。**

教育実習生と共同で単元計画を作成する

　実習生の受け入れは，前年の4月を目安に，1年以上前には決まります。その時点では翌年の教員の人事はわからないため，指導教員が決まることはありません。しかし，自分を含め，今いる教員の中で決めておくのがよいでしょう。「進路選択を控えた3年生の授業をさせるのは…」という心配もあるかもしれませんが，配当学年，担当させる分野はどこでもよいのです。

　3週間の実習なら，1週目は指導教員や教科内の教員の授業見学が中心に

なります。2週目から実践を行い、3週目は研究授業を行う、という計画が一般的です。配当学年、学校行事等の都合によりますが、実習生が1名につき4～5時間（×学級数）程度の授業ができるとよいと思います。

教育実習の段階で、多くの実習生は、1時間の授業づくり、模擬授業を行うことしか経験していません。そのため、実習生の受け入れが決まったら、できるだけ次のことを踏まえた実習生のための授業計画を組んでください。

①小単元をベースとした授業づくり、実践を行わせる。
②中項目全体の計画を示し、本時がどこに位置づくのかを意識させる。

①は、実習生が受けもつ時数にもよりますが、単元の導入、または単元のまとめ、あるいは両方を経験させることです。指導教員自身の授業を行いながら、実習生の授業を計画するのは難しいのですが、小単元のまとまりで授業ができるように計画してください。地理的分野は、流れのある歴史的分野に比べると、比較的計画しやすいように思います。

②は、実習生が公民的分野で「企業の役割と責任」という小単元を担当することになったとしても、「市場の働きと経済」という中項目全体を意識させた授業づくりを行わせることが大切です。単元を貫く問いとそれに基づく小単元は、指導教員自身が決めていたとしても、実習生にもその計画に従って問いを追究するための小単元の設定をさせることが望ましいと思います。**実習生に、指導教員と共同で授業をつくるという実感をもたせたい**ものです。

教育実習の指導は、1人で抱えたり、だれかに丸投げしたりするべきものではない。教科全体で指導し、指導教員の単元計画に実習生の指導計画を位置づけ、共同で授業づくりを行おう。

47 定時退勤できるように指導を行う

「教育実習への教科指導はどのように行うのでしょうか」という質問を受けた。自分が指導教員の場合も他の教員に頼んでいる場合も指導の仕方についてはきちんと方針をもちたい。

勤務時間の意識をもたせる

　社会科に限った話ではありませんが，実習生の指導にあたって注意するべきことは，勤務時間を守って出退勤させることです。**指導教員の出退勤の時間に合わせる必要はないことをはじめに強調します。**授業の準備に時間がかかることもあるかもしれませんが，定時で帰れるように指導するのも大切なことです。これは，勤務している自分たちの意識にも関わってきます。いつまでも残ることをよしとせず，最低限授業ができる状況をつくります。緊急の生徒指導，行事準備など，職務命令に近い「やるべきこと」で残業しているのか，「やりたいこと」で自分から残業しているのか，明確に分けることが必要です。「やるべきこと」の場合は，勤務時間の割り振りの対象になります。**実習生が現場に出たときのことを考えた意識づけを行いましょう。**

事前指導で授業観を共有する

　実習生を定時で退勤させるために，私自身は自分の授業のワークシート，スライド，テストなどを実習生にあらかじめ渡しておき，最低限授業ができる状態を保障するようにしています。実習期間が始まってから指導教員自身の授業は見せますが，それだけでは，すぐに実習生が授業実践をするのは難しいものです。そこで，**事前に指導教員自身のそれまでの実践，あるいは実**

習生に担当させる単元の過去の実践を見せておくと，実習生はそこから指導教員の授業観や方法や留意点を学び，共有することができます。

　実習初日にはじめて実習生と顔を合わせる場合はやむを得ませんが，事前指導が可能なら，このような準備をしてあげるとよいでしょう。実習生が最も困るのは，苦労して授業づくりをしてもなかなか指導教員のOKが出ないことです。直せば直すだけ指導が入る，という状況では「どうすれば指導教員のOKが出るのか…」と悩んでしまいます。

　そのため，指導教員自身の授業資料を渡しておいて，授業実践を保障し，そこから実習生の考えに基づいた授業づくりができるようにしておくことが大切だと考えています。

授業づくりを中心とした業務

　次に重要なのは，実習生には残業を前提とせず，社会科の授業づくりができる時間を保障することです。授業づくりの時間を軸に，朝と帰りの学活，道徳，総合的な学習の時間，特活にも参加させる計画が望ましいと思います。もちろん，指導教員自身にも業務があり，放課後の委員会や部活動の指導などを終えて，勤務時間が過ぎてからようやく実習生の指導ができるという状況のときもあります。そのとき，実習生も自身と同じように1日を過ごしていたら，実習生が授業をつくるまで，自身も帰れないことになってしまいます。こうならないために，実習生に参加をさせる時間は精選し，勤務時間後から指導をする場合も短時間で済むようにします。**まずは，定時で退勤するという経験が重要**です。

「自分が実習生のころは遅くまで授業準備をしていたよ」。こういう思い出話は，これからを生きる実習生には不要。実習生の勤務時間を守ることは，指導教員自身の働き方を見つめ直すことでもある。

48 教育実習生の視点に立って指導を行う

実習生あるいは，指導教員から「指導案が書けなくて困っています」という相談を受けた。社会科主任として，どのように指導案を書かせ，授業の指導をすればよいのだろうか。

毎時間の指導案は必要か

　驚かれる人もいるかもしれませんが，私は実習生に毎時間の指導案を書かせる指導案検討を行うのをやめました。もちろん，研究授業など，校内の先生，大学の先生の訪問等の際には書かせます。学校に勤務していれば，指導案という形式での提出が必要になる場合があるので，そういうときのために指導案の書き方自体はきちんと指導しています。

　ここでの話は，指導教員に示すための毎時間の指導案をなくすということです。その理由は，**本時案だけでも指導案作成には時間がかかること，そして変更をすぐに授業づくりに反映しにくいこと，つまりタイムパフォーマンスが悪い**ということがあげられます。毎時間指導案を作成して授業に臨む先生もいらっしゃいますが，多くの場合は，ワークシート作成や板書計画などが教材研究の中心になっていると思います。

　例えば，実習生がつくった指導案を見て，展開1と展開2を入れ替えた方が生徒の思考のつながりがよいと判断した場合，指導案の形式から修正するのは手間がかかります。もし，ワークシートあるいは板書計画をあわせてつくっていたら，そちらも修正をしなければなりません。

　実習生には，ワークシートや板書計画のような形で本時の案をつくってもらい，授業の流れを決め，授業ができることを保障します。指導案をつくる

場合は，検討した授業の流れを指導案として文字に起こすイメージです。

「自分が指導される側なら」という視点に立った指導

授業後の指導においては，まず実習生自身に感想や反省を話してもらいます。次に指導に入ります。私が心がけているのは下記のような点です。

①声の大きさ，目線，話し方など，技術的な指導はなるべく行わない。
②事前に指導していないことを指導しない。
③実習生自身の言葉で，次に向けた修正点を決めさせる。

①は，生徒が戸惑うような状況，実習生自身が気付いていないような大きな落ち度があれば別ですが，原則として社会科の授業としての指導を中心にします。自分も生徒に言われて技術的なことを直してきたように，技術は生徒が教えてくれます。それに耳を傾け修正できる教師を育てましょう。

②は，授業を見てはじめて気付いたことや，予測していなかった生徒の反応があった場合，後出しで「こうすればよかった」という指導はせず，「授業前には予測していなかったけれど」と加えてから話すということです。

③は，指導教員自身ならこうしたい，というものがあったとしても，実習生が納得しなければ次の授業に進めません。今行った授業で見えた課題を踏まえて資料提示のタイミングを変える，時間を長く取ってその分ここを削る，といった判断は，実習生自身にさせるようにしたいものです。

実習生の授業にはあれこれ言いたくなるもの。しかし，実習生の課題から，自分の授業の課題も見えるはず。「自分ならこうする」という気付きを与えてくれるのも，実習生を指導する楽しみの1つ。

49 教育実習生の研究授業を教科全体でサポートする

「教育実習生の研究授業をしてください」という指示を受けた。社会科主任として,どのような準備が必要だろうか。また,終了後の協議会では何を話せばよいのだろうか。

学年・学校全体で実習生を育てる

　教育実習の最終週には,多くの場合,実習生の授業を通して協議を行う研究授業が行われます。指導教員が中心となって準備をしますが,次のような点に注意が必要です。

①なるべく多くの教員が授業と協議会に参加できる日時を設定する。
②指導案は,指導教員と教育実習生の共同で作成する。
③実習生は授業に集中し,教科の教員が環境整備に努める。

　①は,大学の先生の訪問指導等で日時が動かせない場合はやむを得ませんが,可能な限り多くの教員が参加できる日時設定をしましょう。時間割を見て,管理職,教科の教員はもちろんのこと,学年の教員にも参加してもらえるような設定ができるとよいでしょう。もし,時間割を入れ替えられるのなら,積極的にお願いするようにしましょう。
　②の指導案は,指導教員と教育実習生が共同でつくり,連名で出すのが一般的です。実習生がすべての項目を最終的には作成しますが,指導教員も,単元計画,生徒の実態など,すでに把握できているものは,示していくことが必要です。授業を行う前の指導案の配付は,実習生自身が行うのが原則で

すが，指導教員も立ち会ったり，事前に実習生が指導案を配りに来ることを話しておいたりして，研究授業があることを全校に周知しておきましょう。

③については，研究授業では，教科の教員で教室整備，指導の先生ご案内，教室の揮毫掲示などの環境整備に努め，実習生は授業をすることに集中できるようにしたいものです。また，授業中に立ち寄ってくれる先生がいたら，その先生の名前を指導教員がきちんとチェックしておきましょう。授業後に実習生にその先生たちのところにあいさつに行かせ，授業の様子，感想などを聞くきっかけをつくれるとよいでしょう。

協議会での指導を自分事として受け止める

授業後の協議会は，管理職や大学の先生を中心に行うことになりますが，参観した先生にも声をかけましょう。協議会に参加できなくても，必ず実習生にあいさつに行かせ，指導を受けるように指示しましょう。

実習生の協議会では，授業の意図，資料選定の理由，学習活動における生徒の見取りなど，社会科の授業を通して実習生が何を考え，実践したのかを聞き出せるような協議会となるよう，あらかじめ打ち合わせしておきます。最後に，管理職や大学の先生から講評をいただくことになりますが，**ここでの指導を指導教員自身も自分事と受け止める姿を見せることが，実習生にとっての最大の指導になる**と思います。

実習生のための単元計画ですが，その前後は指導教員が授業した単元です。実習生が指導した後，新たな単元を展開していくのも指導教員です。実習生と共同で授業をつくり，指導を受ける，貴重な機会と捉えましょう。

教育実習生にとって，研究授業はこれまでの教職課程の集大成になる。教科全体で研究授業を支え，学校全体で教育実習生を育てるという意識が重要。指導教員にとっても貴重な学びの場となる。

50 教育実習が一生の財産になるような指導を行う

「教育実習を終えるにあたってどのような指導をすればよいでしょうか」という質問を受けた。社会科主任として，実習生の授業後に指導するべきことは何だろうか。

教育実習を一生の財産に

長かった3〜4週間の教育実習の最終日になりました。実習生は，それまでの苦労，生徒との別れなどで涙を流してしまうこともあります。こうしたとき，実習生に行う最後の指導では，次のことが大切だと考えます。

①社会科教育の広さを知り，より研究に励んでほしいこと。
②勤務時間を大切にした授業づくりをしてほしいこと。
③教員になる，ならないにかかわらず，教育実習をしたことを誇りに思い，一生の財産にしてほしいこと。

①は，教育実習生には社会科教育学，地理学，歴史学，政治学など，それぞれ大学での専攻があります。社会科の教員免許を取得できる学部・学科は最も多いでしょうから，様々な学問に触れた学生が教員になっているはずです。しかし，教育実習段階で触れたのは社会科教育の一端に過ぎないので，今後も学び続けることを促したいものです。これまでの章で紹介した研究会への参加，読書など，教員になるまでにやるべきことは多くあることを示してください。もし，学び続けたいのなら，大学院に進むのもよいでしょう。最近は，教職大学院生が現場での実地研究を行うことも多くなりました。一

方，社会科教育のような教科教育を専門的に学べる教育学研究科を廃止する教員養成大学も多くなりましたが，教科教育を極める道も重要です。

　②は，まずは実習を通して勤務時間を守って退勤することができることを示すことです。実習生自身が授業づくりに専念し，勤務時間を守れたのだとしたら，それ以外の業務をどのように行うのか，授業づくりをどのように短縮できるかを考えてもらうことが大切です。確かに，教員にはある程度の残業を想定した教職調整額の支給があり，「やらなければならないこと」が多いのも実態ですが，勤務時間後に行っている仕事の中に，教員自身が「やらなければならないと思っていること」が含まれている場合もあります。実習生には，これを見極められるようになってほしいと思っています。

　③は，日々インターネットを中心に「学校はブラック企業だ」という記事を嫌でも目にしているであろう大学生たちには，それでも教員免許を取得しようとしたことを誇りに思ってほしいということです。たとえ学校現場に関わるのが教育実習で最後になるとしても，生徒たちには一生残る思い出になります。この経験は，実習生にも一生の財産にしてほしいと願っています。

実習が終わったら

　教育実習の期間を終えてからも，実習生が行事で来校することもあるでしょう。こちらから連絡することは原則ありませんが，**社会科の研究授業，研究大会などはお知らせしておいてよい**と思います。教員として再び出会い，教員としての新たな関係が築き上げられる日を楽しみにしましょう。

教育実習では，理想の教員生活を見せたい。厳しい現実を見せることも必要だが，その現実をどうすれば変えられるのかを示すことが重要。「この現状は変えられる」という夢と希望をもたせたい。

コラム

教員養成に携わることで指導教員も成長する

　第6章では，大学生を中心とした教育実習を取り上げましたが，心得13でも紹介した通り，学校現場では教職大学院生を受け入れる場合もあります。指導をしていく負担はありますが，生徒にとってはよい刺激になり，授業がより充実するのを感じます。熱意ある実習生，大学院生に対して，現場としてできる限りの協力をしたいところです。

　一方，私は教育実習生や教職大学院生に指導しようとしていることが，自分自身にブーメランのように返ってくるのを感じ，指導をためらってしまうことがありました。「自分は，彼らのような年代でこれができていたのか？」と思ったからです。しかし，最初からパーフェクトな教員などは存在しないこと，教員の成長には年代や経験に応じた様々な段階がある，などと思い至るようになり，自分の失敗や課題とも改めて向き合えるようになりました。

　彼らと関わっていると，つい「自分の時代はこうだった」などと語りたくなりますが，自分がこういう話を聞かされたときにどう思うか，という視点は常にもちたいものです。過去の話が役立つこともあるかもしれませんが，彼らにとっては，先輩教員が話す時間も勤務時間なのです。生徒の授業時間を大切にするように，勤務時間も大切にしなければなりません。自分の思いつきやその場の感情で語るのではなく，彼らがよりよい教員となるために，本当に役に立つ指導を続けていかなければならないと思います。

　教員養成に携わると，自分自身の判断の基準，考えが形成される経緯，何にこだわりがあるのか，どこまでが譲れないのか，など多くのことに気付かされます。そして，学校現場にいる自分は彼らによって気付いたことや反省をすぐに目の前の生徒の実践に生かせる，という恵まれた環境にいることを実感させられます。教員養成に関わることは負担も多いのですが，その分自分が成長できる場だと捉え，今後も続けていきたいと思っています。

第7章
次年度に向けた準備

51 年間指導計画の見直しを行う

3月の終業式に「次年度に向けて準備をしてください」と指示を受けた。明日からは学年末休業日。社会科主任として何をすればよいのだろうか。まずは年間指導計画の見直しから。

提示するための年間指導計画

　年間指導計画は，心得08でも示したように，チェックを受けるための部分（理想）と，学校独自の部分（現実）を分けることです。チェックを受けるための部分は，教育委員会に提出，あるいはシラバスとして生徒・保護者に提示したりするものです。学校からは，4月当初に提出が求められるので，3月末に指示を受けたら，1週間程度で準備しておく必要があります。

　学習指導要領の全面実施の年などは，前年からの準備が必要ですが，ここでは全面実施以降のことを考えます。前年の踏襲になりがちですが，きちんと見直しをして，授業実施記録とのずれがあれば解消しておく必要があります。例えば「近世の日本は全32時間計画だったのが，実際は31時間だった。その分近代の日本の時数が1時間増えた」などの修正です。社会科主任は，まず該当学年の先生に見直しと修正の手順を示し，最後に必ず点検をしてください。1年生の歴史的分野のおわりが「近世の日本　世界の動きと統一事業」となっているのに，2年生のはじめにも同じことが書かれていた，といったミスにつながりかねないからです。

　また，一気に全体を変えようとせず，次年度は評価，その次は他教科との関係，といったように，**見直す部分を絞っていくことも，業務改善の視点からは大切**です。

よりよい授業をするための年間指導計画

　次に見直すのは，教員個人あるいは教科としての実践計画です。グループ学習の時間を確保するために，一斉授業で行った方がよかった，調査活動を削減した方がよかったなど，実践を振り返って，授業計画を見直すことです。もちろん，日々実践していてその実感はあると思うので，それを年度末の時間に整理します。同じ内容を次年度も実践できる場合は少ないかもしれませんが，他の単元にも活用できることはあると思います。

　特に，「地域の在り方」「歴史的分野の構想」「よりよい社会を目指して」は，十分な時間を確保する必要があります。授業時数が足りなかった，ということであれば，自分の授業のどこを削減するのかを考えなければなりません。苦労して実践した授業を削減，あるいはカットする，というのはものすごく悩むところですが，**思い切って変更する勇気が必要**です。

　もちろん，教員個人の見直しが他の教員にも当てはまるとは限りません。教員個々で時間をかけたいところ，削減したいところは異なっているので，各自がこだわっている部分を話題にするなど，**他者の見直しが自分の見直しになるというのが教科内の教員の理想的な関係である**と思っています。

　多くの学校では，この時期でも自分が担当する学年が確定していないと思います。「今年度は1年生だから次は2年生だろう」という予測の下に動くのではなく，様々な学年配当を想定し，どんな授業時数で授業を受けもつのか，社会科主任として案をきちんともっておくことが重要です。

年間指導計画は，計画通りに実施しないと次に学年を受けもつ教員の迷惑になる。年間指導計画を見直すことは，自分のためであり，他教員，そして授業を受けている生徒のためでもある。

52 次年度に購入する備品を検討する

「次年度の購入備品を検討してください」という指示を受けた。社会科主任として、教科内の先生とどのように協議し、どのように購入計画を立てればよいのだろうか。

定期的な購入と臨時的な購入

年度末になると、次年度に購入する備品を検討することになります。各教科で使える予算は限られていて、なかなか思うようなものが購入できないことがあります。だからといって「社会科はありません」と答える必要もありません。どのような視点で購入備品を検討すればよいのかを考えます。

①定期的に購入が必要なものは予算を確保し、順次執行できるようにする。
②臨時的に必要になったもの、新規に購入した方がよいと考えたものを購入する。

①は、各種統計、地図、入試問題など毎年更新され、定期的に購入する必要があるものです。特に統計は、常に最新のものがあることで、授業づくりに生かすことができます。こうしたものは、刊行される時期が毎年決まっています。学校によっては、年度当初に購入できるものしか予算執行できない場合もあります。勤務校の学校会計の中に、予算を確保しておいて購入可能な時期が来たら執行できる仕組みはないのかを管理職に確認しましょう。もしかしたら、学校図書館が購入してくれる場合もあるかもしれません。

また，録画した映像をダビングするためのDVDやBlu-rayディスクなどの消耗品も定期的に購入する備品と考えてよいと思います。
　②は，「使用していた掛地図が破損してしまった」などの臨時的な場合です。また，「購入予算があるなら」というきっかけで検討する場合もあると思います。さらに，「新たな映像や地形図などを新規に購入したい」といったこともあると思います。こういった場合に備えて，日頃から教材業者さんから送られてくるカタログをチェックしたり，自ら選んだりしておきましょう。また，自費負担は好ましくないので，もしそういったものがあれば，備品として購入できるように見直す必要があります。

連携・交渉の大切さ

　図書の購入は，置き場の確保も重要です。その際，学校図書館の協力を得られる場合もあるかもしれません。司書または司書教諭の方と連携して，よりよい授業を行うという目的達成のため，協力できるとよいでしょう。
　近年，デジタル版の資料配信，有料会員向けの動画公開をする教材が増えてきました。制作側は学校として購入できる仕組みを整えていますが，クレジットカード決済になっている場合があります。学校会計は，通信販売決済，カード決済は，執行しづらい現状があります。ここでは，事務室の方，管理職との交渉が大切です。**時代の流れに学校会計の仕組みが追いついていないのだとしたら，その仕組みを見直したり，他に方法がないのかを検討したりすることも必要です**。すぐには変わらなくても，粘り強く交渉しましょう。

> よりよい授業をするためには，定期的に購入するもの，新規に購入するものを日頃から検討していくことが大切。年度末は，次年度に計画に従って購入できるように準備することが求められる。

第7章　次年度に向けた準備　125

53 1年間で増えたものの処分と入れ替えを行う

「各教科で備品の整理をしておいてください」という指示を受けた。社会科ではどんなことに気を付ければよいのだろうか。また、教科内の先生にはどのように考えてもらえばよいのだろうか。

1年間で増えるもの

　年度末は，新学年のクラス分け，分掌の引き継ぎなどがあり，教科のことに手が回らない，といったことになりがちです。自分が他校へ異動する場合は，さらに手が回らなくなります。そうならないために，1年間で増えるものはどのようなものかを考えておく必要があります。

　社会科主任のもとには，各業者や各種団体からの案内が毎週のように送られてきます。読んですぐに捨ててしまうのはためらわれるので，とりあえず机上や棚に…といったことが行われていることでしょう。しかし，それを放置しておくと，何年も経って，自分が異動してから他の教員が処分することになってしまいます。こうしたリーフレット類は，そのための箱などを用意して，年度末に処分することが大切です。捨てられないものは，PDFにしておくことで置き場を確保できます。そのほか，授業プリント，定期テスト，他校の指導案なども1年間で増えるものです。これらも処分する必要があります。**残すものがあるのなら，その分捨てるものをつくる意識が大切**です。

「だれかが使うだろう」「いつか使えるだろう」は厳禁

　年度末は，教員が入れ替わる時期でもあります。自分が異動するときは特にそうですが，「次の学校には持って行けないけれど，置いておけばだれか

がいつか使うだろう」などと考えることはやめてください。社会科の備品に限った話ではありませんが，その人だから使える，価値がある，というものがほとんどです。**「自分が捨てられないから人に託す」というのは，最も避けたいこと**です。自分が残された側になればわかると思いますが，先輩教員が集めた実物教材や，社会科新聞など卒業生の成果物を預けられたとしたら，処分に困ってしまうことでしょう。写真などに撮って保存し，あとは廃棄してしまうというのが，精一杯の誠意ある対応だと思います。

　それでも，しばらくしてから「次の学校でもあの社会科新聞が必要になったから取りに行くよ。まだ残っているよね？」などという連絡が来て，冷や汗をかいたという経験があるかもしれません。こういう思いを他の教員にさせないためにも，そのときに在籍した教員が使ったものは自分たちで処理する，ということを社会科主任は徹底しておくことが大切です。

今いる教員が1年間使わなかったらだれも使わない

　ものを入れ替えるのも，勇気ある決断がいる場面です。「何年も置かれているということは，きっと意味があってそうしているのだろう。処分した後で怒られたら嫌だ」。こういう心理が働いてしまうことがあります。しかし，今いる教員が使わなかったら，処分対象と考えてよいのです。**この先着任してくる教員にとっては，実は貴重な図書だったとしても，それは仕方のないことだと割り切ることが必要**です。どうしても悩むのであれば，地域の社会科教育研究会などに写真や物品リストを見せてみるとよいでしょう。「これはぜひほしい」という教員がいるかもしれません。

社会科主任は，常に増え続けるものを適正な場所に管理し，その分処分するものもリストアップしよう。自分が使わないもの，捨てられないものを人に託さない，託させないことが大切。

第7章　次年度に向けた準備　127

54 実践をだれでも使えるように残す

「先生方の授業実践をぜひ残してください」という依頼を受けた。社会科主任として、どのように授業実践を保存し、継承する仕組みをつくればよいのだろうか。

「自分だったら」という視点

　名授業と呼ばれるものの中には、その先生の授業方法、人柄だから成立する授業というものもあります。しかし、そうした授業に多くの教員が挑戦できたのは、だれでも追試できるように残された実践記録があるからです。発問、資料など、名人の授業の中には、だれがやっても成功する要素、自分なりに応用できる要素があるのです。

　実践を残すというのは、このような名作を残すことだけではなく、日常の授業を進めるために、今までやってきた実践を次の学年の人が使えるようにするということも含んでいると思います。次の2点は、自分だったら、どのように引き継がれたらありがたいかという見方で考えたものです。

①ワークシート、テストなどは加工可能なデータで保存し、通し番号をつけ、単元名、授業名などを明確にして共有フォルダに残す。
②写真、グラフなどのデータは、出典をできるだけわかるようにし、JPEGなど使いやすい保存方法で残しておく。

　①は、データを見た人が、分野別、単元別に参考にしやすいように保存するということです。ワークシートやテストは、PDFにするのではなく、

WordやExcelなど，次の人が加工できる形で保存します。教員には，ワークシートのつくり方，資料の配置まで様々なやり方があるものです。自分の授業の要素を引き継がせつつ，その教員の方法で実践してもらえるように残すことが大切です。

　②は，せっかく苦労して撮影した写真，作成したグラフも，出典が不明だったり，紙媒体でしか残されていなかったりするために次の人が使えない，ということがないようにデータ保存をするということです。よい授業の資料は，他の教員が使ってもよい資料になります。教員によって資料の提示の仕方は違うので，どのような方法にも対応できるような保存が望ましいです。

著作権への意識

　社会科では，著作権も人権として扱う場面がありますが，自身やその周辺の著作権には意識が行き届いていないことがあります。私たちは，著作権があるものでも，教育目的で使っているという理由で許諾されている場合が多いからです。**自分の授業，ワークシートやスライド等で，本来なら著作権に関する手続きをしなければならないものは何かを知っておくことが大切**です。例えば，寺院が管理している肖像画を利用申請したら，いくらになるでしょうか。目的にもよりますが，個人では払えない金額になることもあります。

　また，**自身の実践記録にも著作権がある**ことを忘れないでください。授業はだれでも使えるように残すことも大切ですが，使った人はひと言入れたり，研究発表で使う場合は，引用・参考文献に入れたりすることが必要です。

授業は1人だけのアイデアではできないもの。よい授業を引き継いで明日の名授業を生み出すことが大切。ただし，参考にしたものはきちんとその実践者に対して配慮することも必要。

55 次年度に挑戦したいことを明確化する

「次年度に向けた目標をもって新年度を迎えてください」という指示が出た。社会科主任自身は何を考えればよいのだろうか。教科内の教員にはどのような準備をしてもらえばよいのだろうか。

個人・教科としてやってみたいこと

　授業を公開する場が毎年あるとは限らない中で，次年度の挑戦をするのは，何かの動機が必要です。例えば，教科内に地域や都道府県社会科教育研究会の研究部員がいて，研究部の考えている授業案を勤務校でも行う，ということがあれば動機となりますが，そうではない環境で，自分たちで目標を定めていくのはなかなか難しいものです。また，指導者から指導を受ける機会がないと，社会科教員それぞれが自分のスタイルを変えられず，教科としての取組になっていきません。こういった環境においては，**社会科主任が自ら実践することで教科内を動かしていくことが大切**です。

　例えば，「単元の導入と単元のまとめは，学校共通のワークシートを用いて評価する」「単元の中で，授業改善に生かす評価（形成的評価）を入れる場面の授業を公開する」「ゲストティーチャーを招聘する」など，挑戦したいことを明確にします。自分のやり方は変えたくない，という教員もいるでしょうが，まず実践して見せること，その結果，生徒にどういう変容が見られるかを粘り強く示していくことが大切です。

学校としてやってみたいこと

　社会科主任は，学校の取組を教科として引き取る役割がありますが，**次年**

度は学校の取組の方に関わることも選択肢の1つとなるでしょう。

　例えば，研究主任と連携し，「主権者教育を軸に各教科で何ができるかをテーマにしたい」と提案し，社会科が中心となって総論を書くこともあるでしょう。また，社会科で取り組んでいる振り返りシートに代表される，主体的に学習に取り組む態度を評価する取組を，各教科はどのようにしているのかを明らかにし，学校としての振り返りの方法論をつくる，ということもあるでしょう。次年度の取組を研究紀要にしたり，出版社に働きかけて書籍化したり，このような取組も決してできないことではありません。

勇気をもって削ることにも挑戦する

　ここまでは，新たな取組をあげてきましたが，**最も大切なのは，削減できる業務を削減するという挑戦**です。学校では，いわゆる「やった方がよいこと」が無数に存在します。やれば必ず生徒・保護者のためになる，という結果の見えるものです。一方，生徒指導，教育相談などにおいて「やらなければならないこと」が増え続けています。そうであれば，「やった方がよいこと」の中からやらないことを決めることが必要です。「今までは放課後に補修授業をやっていたのに」という生徒・保護者，そして校内の教員の声を気にしてしまうことがあります。しかし，勤務時間を明確にし，勇気をもって削ることに挑戦しなければなりません。労働という学習内容を扱う社会科主任が先陣を切って削減することに挑戦し，その分授業を充実させて生徒の信頼を得ることが，ひいては保護者や校内の教員からの信頼につながります。

　次年度を働きやすくすることが，社会科主任に真に求められることです。

次年度に向けて新たな挑戦をし，よりよい授業や研究を行うことは重要。一方，これまでの取組を見直し，勇気をもって削ることも挑戦。社会科主任は強い気持ちをもって積極的に挑戦したい。

【著者紹介】
内藤　圭太（ないとう　けいた）
東京学芸大学附属竹早中学校教諭。1984年さいたま市浦和区生まれ。2008年武蔵大学人文学部比較文化学科卒業。2010年東京学芸大学大学院教育学研究科社会科教育専攻修士課程修了。東京学芸大学附属小金井中学校非常勤講師，埼玉県公立中学校教諭，埼玉大学教育学部附属中学校教諭を経て，2021年４月より現職。

著書に，『単元を貫く「発問」でつくる中学校社会科授業モデル30』（2015年，単著，明治図書），『15のストラテジーでうまくいく！　中学校社会科　学習課題のデザイン』（2017年，単著，明治図書），『単元を貫く「発問」でつくる中学校社会科新授業＆評価プラン』（2021年，単著，明治図書），『中学校社会科　単元を貫く「学習評価」とテストづくりアイデア』（2023年，明治図書，上園悦史との共著）など。

実務が必ずうまくいく
中学校　社会科主任の仕事術　55の心得

2025年３月初版第１刷刊	Ⓒ著　者　内　藤　圭　太
	発行者　藤　原　光　政
	発行所　明治図書出版株式会社
	http://www.meijitosho.co.jp
	（企画）矢口郁雄　（校正）大内奈々子
	〒114-0023　東京都北区滝野川7-46-1
	振替00160-5-151318　電話03(5907)6701
	ご注文窓口　電話03(5907)6668
＊検印省略	組版所　株式会社　木元省美堂

本書の無断コピーは，著作権・出版権にふれます。ご注意ください。

Printed in Japan　　　　　ISBN978-4-18-450737-1
もれなくクーポンがもらえる！読者アンケートはこちらから　→

一年間ずっと使える 学級経営のバイブル

セット買いがおすすめ！

玉置崇・山田貞二・福地淳宏
[編著]

新年度準備、黒板メッセージから、学級組織づくり、各種行事、進路学習、卒業式まで中学3年の学級経営をフルカバー。学級活動の具体例や生徒に話す教室トークなど、すぐに役立つコンテンツ満載です。購入特典として、通知表所見文例データベースを提供。

各176ページ／A5判／定価2,200円(10%税込)／図書番号：2541, 2542, 2543

明治図書　携帯・スマートフォンからは **明治図書 ONLINE へ** 書籍の検索、注文ができます。▶▶▶

http://www.meijitosho.co.jp ＊4桁の図書番号で、HP、携帯での検索・注文が簡単に行えます。

〒114-0023　東京都北区滝野川7-46-1　ご注文窓口　TEL 03-5907-6668　FAX 050-3156-2790

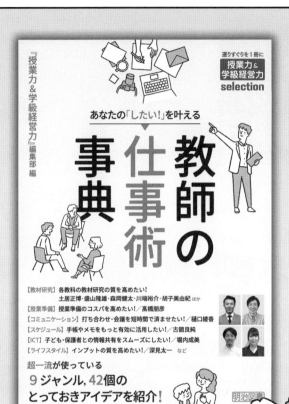

あの有名教師, 実力派教師が使っている
9ジャンル42個の仕事術を一挙紹介！

　『授業力＆学級経営力』の仕事術にかかわる選りすぐりの記事に、新たな内容もプラスして1冊にまとめました。
　教材研究の質を高める方法からICT活用の上達術、整理整頓法まで、教師生活がもっと豊かになる、引き出しいっぱいのアイデアをお届けします。

144ページ／A5判／定価 1,980円(10%税込)／図書番号：3112

明治図書　携帯・スマートフォンからは **明治図書 ONLINE へ**　書籍の検索、注文ができます。▶▶▶

http://www.meijitosho.co.jp　＊4桁の図書番号で、HP、携帯での検索・注文が簡単に行えます。

〒114-0023　東京都北区滝野川7-46-1　ご注文窓口　TEL 03-5907-6668　FAX 050-3156-2790

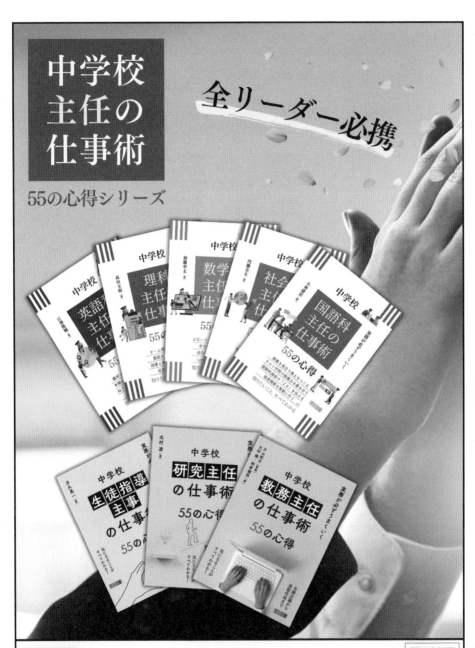

明治図書 携帯・スマートフォンからは **明治図書 ONLINE へ** 書籍の検索、注文ができます。▶▶▶

http://www.meijitosho.co.jp ＊4桁の図書番号で、HP、携帯での検索・注文が簡単に行えます。

〒114-0023 東京都北区滝野川7-46-1 ご注文窓口 TEL 03-5907-6668 FAX 050-3383-4991